青少年校园美文精品集萃丛书
成长同行系列

成长是
无惧风雨的历练

《中学生博览》杂志社 选编

时代文艺出版社

图书在版编目（CIP）数据

成长是无惧风雨的历练 /《中学生博览》杂志社选编. — 长春：时代文艺出版社，2021.3
（青少年校园美文精品集萃丛书. 成长同行系列）

ISBN 978-7-5387-6617-2

Ⅰ. ①成… Ⅱ. ①中… Ⅲ. ①作文－中小学－选集 Ⅳ. ①H194.5

中国版本图书馆CIP数据核字（2021）第006262号

出 品 人　陈　琛

产品总监　邓淑杰

责任编辑　曾艳纯

助理编辑　徐　薇

装帧设计　孙　利

排版制作　隋淑凤

成长是无惧风雨的历练

《中学生博览》杂志社　选编

出版发行 / 时代文艺出版社

地址 / 长春市福祉大路5788号　龙腾国际大厦A座15层　邮编 / 130118

总编办 / 0431-81629751　发行部 / 0431-81629755　北京开发部 / 010-63108163

官方微博 / weibo.com / tlapress　天猫旗舰店 / sdwycbsgf.tmall.com

印刷 / 三河市嵩川印刷有限公司

开本 / 880mm×1230mm　1 / 32　字数 / 135千字　印张 / 7

版次 / 2021年3月第1版　印次 / 2021年3月第1次印刷　定价 / 36.00元

编 委 会

Contents

目 录

成长是无惧风雨的历练

呼叫老郑，请回答

你终会在爱而不得中长大

如果这都不算爱

少年们都在步步为营

少年们都在步步为营

问 盏

1

我喜欢谢远成了一件人尽皆知的事。

所以我的同桌兼闺密叶宁宁才在这么个有着温热阳光的清晨气急败坏地把我的作业本子摔在我面前，薄薄的本子竟在课桌上摔出了极大的声响，叶宁宁此刻有多生气可想而知了。

教室里的人还不多，这个时候眼睛全都朝这边看了过来。叶宁宁站在我面前，隔着一张课桌，硬生生把刻板臃肿的校服穿出了清丽脱俗的味道。

我还是若无其事地朝她笑，"课代表大人，下回发作业本子可以温柔点儿吗？"

叶宁宁眼睛里隐隐带着泪光，气到声音都颤抖了："方沉沉你怎么这么不要脸啊？"这句话说到最后都带了哭音。

所以我一直夸叶宁宁是这个世界上最善良的姑娘，自己一天恨不得有二十五个小时黏在一起的闺密昨天竟然在大庭广众众目睽睽之下和她喜欢了那么多年的男生表白了，要是换了我早一巴掌甩过去然后附赠一句"绝交"了，可叶宁宁这傻姑娘，只懂得颤抖着声音问我一句"方沉沉你怎么这么不要脸"。

我知道叶宁宁喜欢了谢远三年，比认识我的时间还长久。其实闺密也就这么回事儿，一起回家、一起玩儿、一起分享彼此的秘密，所以在叶宁宁那里我每天都能获取到关于谢远最新鲜的信息，比如说，今天篮球队训练谢远连续投进了三个三分球，谢远今儿穿了乔丹的篮球鞋之类。

后来叶宁宁知道我有个小学同学和谢远同班后，便经常在课间扯着我到十六班去，美其名曰让我和小学同学联络感情。

那个倒霉催的小学同学是辛响，他曾一度窃窃自喜，误以为叶宁宁看上他了。

眼看教室里的人越来越多，我赶紧把叶宁宁拉回座位上，她拍掉了我给她递的纸巾，一言不发地在课桌中间堆起了高高的一叠书。

我只能隔着那面书墙低声对她说："下课我再和你说

好吗？"

2

叶宁宁整整一个上午没和我说话，上课的时候我想和她吐槽英语老师今天穿的裙子，但一转脸就迎上了叠得整整齐齐的书。

辛响给我发短信："方沉沉，干得真好，我叫你追谢远，你不但追了，还追得这么轰轰烈烈。"

我无语望苍天，顺便翻了个白眼。

其实关于表白那件事，我也没想到会闹到这样一个人尽皆知的地步。

昨天下午为了配合学校校庆月和运动会的宣传，广播站做了期篮球队的访谈，我是主持人。

做完节目后他们本来都走了的，但后来谢远又折了回来，他是回来拿篮球的。就在他弯腰去抱桌底下的那个篮球时，我突然在他身后说："谢远，我挺喜欢你的，你有女朋友了吗？没有的话考虑一下我吧。"

谢远忘记把篮球拿走，我也忘记了关掉话筒，在这种种巧合的叠加下，在那个有着黄色夕阳的秋日傍晚，整个校园的人都通过空气中的电波听到了我那句大胆的表白。

谢远抱球的动作顿了一顿，他直起身来转身对着我，尽管一张脸在尽力保持平静，但我还是看到他脸上一闪而

逝的措手不及，不过话还是一贯的少，"没有，因为目前
没恋爱的打算。"

那天傍晚留校的人三生有幸，见证了我方沉沉史上最
屌的时刻——当着全校师生告白也算了，可偏偏还被干脆
利落地拒绝了。

3

好不容易熬到中午，但叶宁宁一直在自顾自地埋头写
作业，直到教室里的人都走光了，在教室外等我们的辛响
也按捺不住了，提着书包走了进来，"宁宁，方沉沉，你
俩在干吗？收拾东西回家了。"

看到辛响明明什么都清楚还摆出了一张毫不知情的脸
粉饰太平，我心里顿时觉得憋屈万分，于是把手往门外一
指，"快滚，我俩有话说。"

"做过的事还怕别人知道吗，方沉沉？"叶宁宁终于
抬起头来拿正眼看我，我这时候才发现她连眼皮都是肿的
了，一双眼睛通红通红。

我下意识地看了眼辛响，狠了狠心，语速极慢地开
口了："叶宁宁，我不打算道歉，喜欢这种事情我控制不
了。"

我说过叶宁宁是极善良的姑娘，但这个善良的姑娘终
于也被我逼到忍无可忍了，她打了我一巴掌，眼里泪水大

颗大颗地往下掉。

那一巴掌打在我脸上并不是很痛，这个姑娘，始终善良得下不了重手，但我的心脏却像被人握在了手中，突然用力捏了下去一般。

"方沉沉，你是不是觉得我特别傻，傻到看不出你的心思，傻拉巴唧地和你分享自己喜欢一个人的那种微妙心情。"

叶宁宁说到最后便擦着眼泪跑了出去。辛响犹豫地看了我一眼，嘴唇动了动终究什么也没有说，也追了上去。

我突然觉得疼，不止心脏疼，五脏六腑都绞在一起那样疼，对着已经看不见人影的走廊，我竭斯底里地喊了一声，"辛响你混蛋！"

4

我趴在桌子上哭了起来，我想凭什么叶宁宁能哭能满脸委屈能让辛响心痛，我自己更委屈为什么还不能说出来，只能躲着偷偷哭泣。

这都怪辛响那个混蛋！

要不是辛响一脸可怜巴巴求了我好几次让我去追谢远，说什么如果叶宁宁不对谢远死心的话他这一辈子都没机会在叶宁宁心里占一席之地，还说什么叶宁宁是这么善良的女孩儿，如果知道自己的闺密和谢远在一起了，肯定会退出成全的。

辛响这个混蛋，为了自己能乘虚而入，竟然叫我做这么卑鄙的事，他仰仗着的不过是我有那么点儿喜欢他而已。

最后我哭累了，直起身来也打算收拾东西回家时，一抬眼却看见谢远一只手抓着篮球倚在门前看我，见我看到他他才问我："方沉沉，为什么哭？"

我睁着两只肿成桃子样的眼睛大言不惭地回答："哭你拒绝我。"

我看见他皱了皱鼻子似乎在回想什么，没想到脸部表情一直少得可怜的谢远竟然会有这么可爱的小动作，我一下子就愣住了。

他想了很久，最后一字一句说得很慢，似乎在思考着措辞："我只回答了你第一个问题，后面那句是第一个回答的补充。"

"现在回答你第二个问题，我考虑过了，好。"

5

下午上政治课的时候，辛响给我发信息，满满的质问语气："方沉沉，中午没回家去哪里了？"

我撇了撇嘴，坚决不回复，中午抛下我的人有什么资格问我？

辛响不仅仅是我小学同学，我还和他做了十一年邻居，不能说好到穿同一条裤衩的地步，可也是一起在泥巴里滚着长大的交情。何况我才刚因为他受了那么大的委屈，但在他眼里，只要有叶宁宁出现，压根没我一点儿容身之处。

我给谢远发信息，接二连三地发冷笑话。后来想了想，干脆把这冷笑话群发了，也包括叶宁宁，当然，我还特意把辛响从我手机里的通信录删除了。

一时间手机在我手里翻江倒海地震动，绝大多数人回复："方沉沉，就算是失恋也不用笑点这么低啊，蘑菇掉开水里变成蘑菇汤这种几百年前的东西还翻出来？"

谢远的短信在大堆蜂拥而至的信息里悄悄挤了进来："火柴棒磕破了脑袋变成了棉花棒。"

我"扑哧"一声笑了，一抬头就对上了政治老师阴沉的脸。

6

电视里开始铺天盖地地放着肯德基新一季的广告——这个冬天，谁陪你一起二？

谢远每天下午训练完后就会来广播站找我一起回家，我时常想起叶宁宁以前下课后就在体育室里看谢远打球，然后等着我做完节目一起回家的日子。

那时候还是夏天，傍晚六点还是有炙热的阳光，不像现在，哪怕谢远把我的手装进他的口袋里，我的手掌还是一片捂不热的冰凉。

公交车站下，叶宁宁裹着一条颜色极为明艳的围脖正等在那里，一双眼睛在黄色的毛线烘托下极为明亮，只是那双眼睛却看也不看我。

她挡在了谢远面前，仰脸看他，"谢远，我喜欢了你三年。"

谢远转头看了我一眼，把我的手抓得更紧了，"谢谢，三年时间足够长久，所以应该结束了。"

叶宁宁咬着下唇，眼里水汽开始凝聚。我一贯是看不得叶宁宁这般委屈的神情的，翻了包纸巾递给她，"叶宁宁，你应该回头看看辛响，他一直那么喜欢你。"

叶宁宁打翻了我手里的纸巾，反唇相讥："他喜欢我我就得回应吗？方沉沉你真好笑，喜欢辛响你就去说啊，何必委屈自己到这般地步？"

谢远握着我的手越握越紧，叶宁宁走后却是一把甩开了，我看见他眼里毫不掩饰的委屈和难过，"沉沉，你有什么想说的吗？"

我动了动嘴唇，却什么也说不出，半响才用极低的声音说了句："抱歉，谢远，我们分手吧。"

7

这个周末我把自己扎在被窝里睡了两天，周一早上起床时我对着镜子里那个头发凌乱的自己竖了个大拇指，"方沉沉，睡醒了又是一条好汉。"

咬着牛奶吸管出门后竟看见了辛响，我朝他摇了摇手里的牛奶当打了招呼，他一脸受宠若惊，"方沉沉你竟然搭理我了。"

我一拧头就下楼去了，"和一条狗打招呼而已。"

辛响却是不要脸到了极点，我开始怀疑以前自己的人生观、价值观、爱情观——怎么会喜欢他？

他追了上来，说："方沉沉，我突然发现你也挺好的，不如你甩了谢远和我在一起吧？这也不枉你我多年青梅竹马的情分了。"

我回头皮笑肉不笑地看他，"怎么了？这是不喜欢叶宁宁了呢，还是要成全叶宁宁？"

看他一脸僵硬的神色，我倒是十分想念谢远那张冰山脸了。

后来我请叶宁宁去了一趟肯德基，我们两个人凶残地干掉了一个全家桶后终于和好如初了。

一向斯斯文文的叶宁宁打着饱嗝举着鸡腿豪气地挥手，"什么谢远，都是浮云，唯有肯爷爷才是真爱。"她说着便低头去咬可乐的吸管，故意发出很大的声响——我知道她是在掩饰自己喉咙里无法抑制的哽咽，因为我也是一样的动作，在低头的瞬间，眼泪大滴地砸落在桌面上。

我和叶宁宁用了一个全家桶挽回了彼此的感情，同时，叶宁宁告别了她对谢远三年的爱慕，我则把心里才萌生的那一点儿喜欢无声地扼杀掉。

从来都是因为不爱我们才敢肆无忌惮。

8

上课、做广播、和叶宁宁一起回家，生活似乎又回到了从前，只是我知道有些什么已经在悄无声息地改变了。

我问辛响："乘虚而入的好时机来了，不赶紧告个白？"

辛响摆出了一张高深莫测的脸，"感情的事强求不来，我等还是顺其自然吧。"

我心里嫌弃了他一把，"死鸭子嘴硬，你就等着吧，改天叶宁宁喜欢了第二个谢远，你别找我哭。"

校运动会终于在千呼万唤中赶在"世界末日"前开幕了，因为不用上晚自习，所以我花了大把时间窝在寝室里听节目。

那天我在听一档连线节目，主题是"暗恋"，听到最后一段的时候我哭了。

我清晰地记得那个男生低沉的声音，清楚地记得他的第一句话是："我一直不知道我喜欢她，我只是知道有这么一个人而已。"

那么恶俗的故事，早起到学校参加篮球训练的男生，每天都能在公交车上看到同校的一个女生，一上车就靠着车窗睡觉，有好几次到站了还在睡，每次都是他下车的时候装作不小心踢到了那一排椅子才把她惊醒。后来日子长了才知道她是广播站的，每天早上及傍晚陪着他们训练的那个清亮的女声就是属于她的。

男生说："后来在广播室里她问我如果没有女朋友的话可不可以考虑一下她，当时下意识就拒绝了。只是后来回家后，却翻来覆去睡不着，脑子里反反复复地回荡着她那一句话，心里那种甜蜜又酸涩的滋味突然让我明白了，原来我喜欢她。"

主持人沉默了半晌后问："那么，这个故事有没有后来。"

"有后来，只是后来，我们又分开了。"

9

12月20号晚上，很多人开始在微博上表白，我收到了无数个"@"，就连平日最不喜欢玩闹的班长也发了条微博："暗恋哥的赶紧来表白吧，过了明天就没有机会了。"

我笑得上气不接下气，一一回复后也发了条微博："叶宁宁，我爱你，明天请我吃肯德基。"

然后我开始做英语听力，半个小时后却心烦意乱地把耳机一摔。这些天我常常想起那个男生说的话，我现在依然每天早起到学校做节目，只是在公交车上再也没看见过谢远。

我重新打开了微博页面，犹豫了许久一行字终于出现在输入框里，在按发送之前却又删掉了。这样反复了几次后，我终于闭着眼睛把它发送出去了：假如明天我们还活着，你能看到的话，我就告诉你，我喜欢你，谢远。

我微微翘起嘴角自嘲地笑了，傻瓜方沉沉，他怎么会看到，这是一条私密微博。

玛雅人的第五个预言不过是人们饭后谈资，真到了这一天，生活还是在顺着原定的轨迹继续前行，街上依旧热闹喧嚣，过往路人还是行色匆匆。

唯一不同的应该是这天我在公交车上看到了谢远，他笔挺地坐在前排，我在后面只能盯着他的后脑勺看。

我盯着他的后脑勺看了一路，直到公交车快到站了我才闭着眼睛装睡，他下车经过我身边的时候我闻到了他身上洗衣液的味道。

我的眼睛紧紧闭着却有了想流泪的冲动，我身下坐着的椅子依旧平稳非常，那个因为担心我睡过站而装作不小心撞到椅子的少年终于离我越来越远，不需日后时光把我们疏远，他就已经把我们划分在楚河汉界的两边。

10

下午下课的时候我已经把低落的心情收拾好了，兴奋地招呼辛响和叶宁宁到肯德基共进"最后的晚餐"。

辛响拉着我的手臂，"沉沉，你先过去，我有话和叶宁宁说。"我看着他那张一贯嘻嘻哈哈的面容难得这样一本正经，心里就明白了，抿着嘴唇朝他笑了笑，拍了拍他肩膀，"好，我先过去等你们。"我看着自己的脚尖，随即轻声说了句，"加油啊，辛响。"

谢远和叶宁宁说得很对，喜欢一个不喜欢自己的人，三年的确足够长久了，既然明知道没结果那就该让一切结束，你总会喜欢上下一个人。就像我喜欢了辛响那么多年一样，最后，也总是有人能够取代他。

肯德基里我没盼来了辛响和叶宁宁，倒是先看见了谢远，他迈着极大的步子朝我走过来，坐了下来和我隔桌相望。

我只觉得眼睛泛酸，最后还是先泄了底气出声："看我干吗？"

他朝我挑了挑眉毛，说："看你怎么没心没肺，看你怎么口是心非。我有多喜欢你我不相信你没听到，既然知道我的感情，还打算视若无睹，这和把我的真心放脚下践踏没什么两样？这是没心没肺。明明喜欢着我，却要装作不喜欢的样子，欺骗我同时试图欺骗自己，这是口是心非。"

最后他说："方沉沉，你要知道，世间最难得的事是，恰好在这个时间，你喜欢我，我也喜欢着你。"

11

在我和谢远之间，我一直扮演着那个懦弱的欺骗者的角色，在不喜欢他的时候说喜欢，在喜欢他的时候装作不喜欢，甚至在他试图挽回这段感情的时候龟缩在自己的壳里躲避。

所以在谢远说怨怼过我的时候我半点儿意外也没有，但是他把手掌按在我的肩膀上，唇角含笑低头看我，"在看到你那条微博的时候，我只觉得异常的心满意足。"

大概是我脸上呆滞的表情娱乐了他，他脸上的笑意更盛了，伸手在我鼻子上刮了一下，"傻沉沉，辛响和叶宁宁联合起来把你卖给我了，不然我怎么会清楚你喜欢的那个节目、你的微博密码？"说完他半眯着眼想了会儿，又补充了一句："不过，以后我会比他们更清楚。"

我想我眼里含着一泡眼泪又哭又笑的样子肯定很丑，但我终于可以理所当然地抱着谢远的腰把那张丑脸埋在他怀里，那么急切却小声地叫着他的名字，"谢远，谢远，谢远……"

他一声声地回应着我，极有耐心地等着我的下文，我只是一声声叫着他的名字，那一句"我喜欢你"充斥在我的心里、我的脑海里，它们叫嚣着要从我的喉咙里冲出来，但我嘴巴张着，却不知道该怎么表达。

从来都是因为不爱，我们才敢肆无忌惮，一旦爱了，世间所有谨慎的词语都可以往自己身上套，小心翼翼、步步为营诸如此类——但本来爱情就是因为有人把你视若珍宝费尽心机才会这样动人。

微　光

唐　柠

1

每个学期开学分班是不可避免的事情。陶小乐一点儿也不喜欢新班主任，一点儿也不喜欢新班集体，所以她一进教室就自作主张地把课桌椅挪到了第一组的最后一排。她早就发现那是个风水宝地，在课堂上可以睡觉、看小说、听音乐，就算老师发现了准备过来也有足够的时间消灭"罪证"。

班主任对陶小乐擅自调动座位的行为没有任何表示，平静得好像这件事根本就没有发生过一样。也正是班主任的这种态度，大大地鼓舞了班级里那些蠢蠢欲动但又不敢乱动的不安分分子，显然觊觎那块风水宝地的不止陶小乐一个人，比如，后来搬去她旁边坐的两个男生。

他们是在陶小乐自得其乐的时候搬过去的，他们的到来让陶小乐特别反感。仗着班主任是语文老师，仗着自己的语文成绩总是年级前几，陶小乐特别希望班主任能下道"圣旨"让这两个男生打哪儿来的回哪儿去。事实证明，陶小乐太高估自己了。

2

很多事情的发生本来就是莫名其妙的吧，要不然为什么后来陶小乐会和本来还很反感的男生玩得不亦乐乎？

坐在陶小乐身边的男生叫李晨，特别瘦，所以他总喜欢拿陶小乐的体重开玩笑："陶小乐，我猜你每年偷偷在心里想着的首要任务就是减肥吧，要不要我传授点儿经验给你，或者你告诉我用什么办法可以吃胖一些，每次放假回家我妈都骂我瘦得像鬼一样呢。"

面对李晨这样的戏谑，陶小乐只好佯装生气转过身不再理睬他，然后又特别不甘心地回过头拿李晨的肤色还击："黑得简直可以和包青天媲美了还好意思出来打击人。"

李晨嬉皮笑脸地回应说："黑多好啊，至少这样不会有人说我像白痴。"

"有句话怎么说来着，人至贱则无敌，你无敌了。"

3

江西的冬天阴冷得简直没有天理，走在路上风扑过来像刀割般疼痛，每个冬天陶小乐几乎都是不吃早餐的。学校超市离教学楼很远，有些同学会趁着课间十分钟跑去超市买东西充饥，几乎每天早上教室里都充斥着泡面和奶茶还有各种零食的混合气味，这种味道对于每天空着肚子的陶小乐来说，只能加重她的饥饿感。

课间，李晨递过来一杯热乎乎奶茶的时候，无力地趴在课桌上的陶小乐是真的被感动到了。她毫不客气地接过温热的奶茶大口大口喝了起来，李晨看着她的样子真是觉得好气又好笑，"我说陶小乐，天底下怎么会有你这么懒的女生，小心以后嫁不出去。"

"要你管！"这三个字说出口后陶小乐才又惦念起手里握着的奶茶的情分，所以特别不自在地别过脸看向别处。

上课的时候，陶小乐从便笺本上撕了一张碎花小纸条，她在上面写完"谢谢你的奶茶"之后就把它扔给了李晨。纸条被扔回来的时候上面多了这么一些字："那你打算怎么谢我，要不以身相许吧。"陶小乐对着纸条骂了句"神经病"，就把纸条揉成团扔进了教室后面的垃圾桶里。本来还在殷切地等着回复的李晨看到这一幕，眼底的亮色瞬间消失了。

4

陶小乐是个胖女生，五官也不出众，谁都看不到她内心深处的自卑和敏感。虽然也会像别的女生一样有着细腻孤单的少女心事，但她又常常想："可能我这辈子都遇不到一场可以让自己怦然心动的爱情吧。做那些不切实际的梦又有什么用，都只是梦罢了，谁会喜欢一个不漂亮不出众的女生呢。至于李晨在纸条上写的那几句话，只不过是拿我的体重寻开心而已。真是个坏人。"

让陶小乐没有想到的是，自己会在生日的时候收到李晨的礼物。

生日那天中午，陶小乐在食堂打了一份自己最爱吃的红烧鱼块，就当是给自己过生日了。因为在学校她几乎没有朋友，所以也没有人知道她的生日，这样的生活真是单调无味极了。陶小乐是在心里这么想，想着想着胸腔里就涌出一股小小的郁闷来，像自己这么没有存在感的人就算死了也不会有人在乎吧。

那是在下晚自习结束陶小乐准备起身回寝室的时候，李晨塞给她一本最新版的《新华字典》并且小声说了句"生日快乐"就走掉了。陶小乐看着手里的字典，不知道为什么突然鼻子酸酸的，像是马上就会流出眼泪来。原来有人知道自己的生日啊，原来自己还能在生日这天收到别人的礼物啊。

5

第二天早自习的时候，陶小乐又从便笺本上撕下一张碎花小纸条，在上面写完"谢谢你的字典，我很喜欢"这几个字就扔向了自己身后的座位。

李晨没有回复纸条，而是身体尽可能地前倾，对着陶小乐悄声说道："你喜欢就好。"

陶小乐突然觉得，这个男生其实不那么讨厌了。

同桌的女孩子发现陶小乐开始变得和以前有那么一点点不一样了，但具体是哪里不一样了却形容不出来，反正她觉得陶小乐变得比以前更快乐了。

不知道从什么时候开始，陶小乐的日记里"李晨"这个名字出现得越来越频繁，她隐晦的少女心事已经有了具体的主人公。意识到这个问题之后，陶小乐和李晨的相处变得小心翼翼起来，她不再总是粗声粗气地对着李晨说话。

6

夏天的时候，大家中午都在各自的宿舍午休，快到上课时间了大家才会陆续进教室，所以中午的教室鲜有人在。

那天中午闷热极了，陶小乐努力了很久都没有睡着，无奈起身打算早点儿去教室。尽管有喧嚣的蝉鸣声，教室里传出来的声音还是清晰地印在了陶小乐的耳膜上，她停住了踏进教室的步伐，转身向操场上的秋千架走去。

有个男生说："李晨，你不会是喜欢隔壁班的那个英语课代表吧？上次人家从你身边经过的时候你那表情足以说明一切了啊！"

听到这里，陶小乐就转身走掉了，不知道为什么会害怕听到李晨的回答。

陶小乐那小小的骄傲在心里筑起了一道高高的城墙，她打算不再和李晨说话了，并且她还把李晨送给自己的那本字典锁进了抽屉里，短时间内不准备再拿出来用。敏感的女生就是这样，这让李晨觉得既无辜又莫名其妙，那么多次试图和陶小乐说话她都一副淡漠的样子，这样一而再再而三地低声下气，终于李晨也觉得累了。

后来的日子变得更加单调无味。在时光的洪流里走了三年，临近毕业的时候，班上很多人都买了同学录，很多人都友好地分了一张给陶小乐，陶小乐把收到的所有的同学录都塞在桌肚里，直到毕业考试结束她都没有填一张，哪怕是李晨给的那张也一样。女生执拗起来真是让人招架不住，直到毕业了陶小乐和李晨都没有再说过话。

7

漫长的假期，姑姑带着还在上小学的表妹来陶小乐家里玩。小表妹真是个认真的孩子，就算是来亲戚家待个一两天她也要把暑假作业带上。

陶小乐在房间里看着七堇年的《被窝是青春的坟墓》，小表妹突然跑进去问："姐姐，我有个字不会写，你把字典借给我用一下可以吗？"

陶小乐放下书，有些不情愿地打开那个很久没有开过的抽屉，从里面掏出那本崭新的《新华字典》递给了小表妹。

触碰到以前的东西，很轻易就牵扯出了那段回忆。那颗关于喜欢的小种子才刚刚开始发芽就被无情地扼杀掉了。可能是自己太倔强了吧，要不也不至于到最后两个人之间连一句再见都没有啊。陶小乐懊恼地捶了一下床上的抱枕。

小表妹像是发现新大陆一样捧着字典跑进陶小乐的房间说："姐姐你看，我要查的这个字被红色盖住了！"

陶小乐接过表妹手里的字典，被一颗红心盖住的是"喜"字。

陶小乐像是意识到了什么，发了疯一样把字典翻了又翻，过了好久她终于合上字典的时候，眼泪也跟着落下来。字典里有四颗红心，它们分别盖在"我""喜""欢""你"四个字上面。

原来，李晨一直是喜欢我的啊，为什么当初自己那么笨，什么都没有发现呢！陶小乐开始恨自己当初的小家子气。

8

陶小乐终于鼓起勇气进了那个好久没有进过的空间，空间的主人是李晨。看着里面的点点滴滴，她突然想在空间的留言板上写下自己那么久以来的心意。点开留言板的页面，再一次让陶小乐惊住了，页面上除了陶小乐再没有任何一个人的留言。

当初在这个空间留言的场景清晰如昨，那个时候，两个人之间还会相互调侃，开一些不大不小的玩笑呢。陶小乐郑重其事地在留言板上打出这样一行字："李晨，对不起，是我太小孩子气；谢谢你，喜欢这样一个没有人会喜欢的陶小乐。请原谅我的胆小，现在才把这句话说给你听，其实我也一直喜欢你。"

还没等陶小乐缓过神，空间主人就回复了那条留言说："其实这个空间一直只对你一个人开放，本来我想，如果这个夏天你再不进来我就把它关掉，从此不再想念与你有关的任何事情。"

李晨说："谢谢你能来。"

陶小乐说："谢谢你还在。"

过往的时光说，他们的未来，会是最美好的存在。

九月一日天气晴

暮浓城

1

八月末，天气炎热，刚刚升上初一和高一的学生都在军训。

我背着重重的书包走到高高的台阶上，只需要停下脚步，侧过脸向左手边的方向望去，就会看见高一新生站在大操场上苦不堪言的样子。心想着当年我也是这样走过来的，有一种莫名的幸灾乐祸。

高三的教室是位于五楼右边楼道的第一个班级。

教室很干净，看上去被已经升入大学的学姐们保存得很好，阳光透过玻璃照进教室，地面上带着一点一点浅浅的光影。

我就在这道光影里，看见了站在窗边的苏淮。他和站在他面前的女生相谈甚欢，手里拿着的厚重的书看上去像是从图书馆最里层基本没人会翻的书架上翻找出来的古董。

他显然也看见了我，抬头，唇边带着浅浅的无比和善的微笑，"早啊，阿晴。"

于是，我就很不争气地红了脸，不敢和他对视，甚至不敢和他说话，就那么低着头抱着书包走到后排的一个位置上，翻开书，心不在焉地读着。用余光看向苏淮，他依旧和颜悦色地站在那里，活像一个在参加重大聚会的贵公子。

我移开视线，把头埋进书里。

心底的惊诧被慢慢地掩盖过去，然后，一点一点的欣喜充斥着整个心房。

2

晚上回到家的时候已经过了十点。

我没有做作业，而是坐在座位上弯着腰，用钥匙打开了那个书桌右下角被紧锁着的抽屉。里面静静躺着的是一张一张看似并不起眼的纸条，以及一张我和苏淮的合照——那是在初三时期最后的校运会上，我跑八百米获得了前三，苏淮和我拍照留念。而那一张一张的纸条，则全部是从初一开始到现在，我和苏淮在上课时传的纸条。毫无疑问，这些纸条最后都被我收了起来，几乎是一张不落的。

书桌上，摆放着许多考卷和教科书。

夜晚很静，很凉，我把窗子开得很大，风会把我的头发吹乱，然后把我的思绪吹理清楚。这样我才会有足够的勇气和理智，第二天坦然地与苏淮见面。

初中三年，直至现在高三，总共加起来快六年了。

这是我喜欢苏淮的第六年，看上去却是最后的、无比坎坷的一年。

高二文理科分班的时候，我选的是理科。我以为苏淮会随着楚一然一起学文科，却意外地在理科班看到了他，耀眼无比的他。

我可以特别骄傲地说我是和苏淮最有缘分的一对！毕竟整整六年同在一个班级，着实是不容易的。

也只有我知道，这都是我故意的。故意让我妈嘱咐人把我调去苏淮的班上……当然，我故意而为之的，并不包括苏淮选理科班这件事。

3

日子马不停蹄地呼啸而过。

我在班上依旧很低调，做不到像别的女生那样和男生交谈、打闹，甚至做一些在老师看来出格的事情。

我觉得，除了苏淮会在班上注意到我，估计谁也不会注意我的吧。

就在我这么想着的时候，听见苏淮坐在离我不远处的桌子上，用一只手支撑着自己，笑得迷人。他身边围绕着许多人，楚一然站在他身边，看似无比般配的一对，真是羡煞旁人。

我望了好久，直到苏淮注意到我，才慌乱地低下头，不再说话。

心底略苦涩，像是没有放糖或者奶精的热咖啡一下子哗啦啦地倒在了心尖上，烫得眼眶都有些红了。

曾经在上网的时候看见过一句话，很简单的一句话——他只是不知道你喜欢他而已。

苏淮只是不知道我喜欢他而已。仅此而已。

我深吸了一口气，把眼泪拼命地忍回去，拿起笔继续做理综合试卷，我拼命地忍着，低头用刘海儿遮住眼睛。眼前突然一片阴影，我吓得抬起头，苏淮面无表情地站在我面前，皱着眉，面容十分肃杀，本应该稚气的脸此时此刻却带着一股深沉。

在我开口之前，他一把拽起我跑出了教室，我回过头求助似的看向同学的时候，却发现刚刚站在苏淮身边的那群人眼底的不可思议。

4

苏淮把我带去了天台。

那天风很大，天气有些凉。他从口袋里拿出干净的白色手帕，迟疑地伸出手，然后用手帕去擦我几近落下泪来的眼眶，手帕立马就湿了一块。

我不敢看他，好久才听见他开口："果然……是哭了呢……"

他的声音略带低哑，我低头绞着手指，不知道怎么开口解释。

苏淮揉了揉我的头发，将手帕塞进我手里，没有再说什么。直至他走了，我才意识到他走了，眼泪开始肆无忌惮地掉下来，滴在地板上，那声音只有我一个人听得到，带着无尽的酸楚。

回到班级，没有人提及这件事情，大家都很自然而然地避开。

当晚，我拿着苏淮给的那块手帕，抓在手上在床上翻来滚去，开心疯了。

我乐疯了！乐疯了！这导致已经睡着的我妈穿着一身小碎花睡衣推开我的门，满脸不耐烦地对我吼："秦晴，不睡觉也要考虑考虑别人睡不睡！再闹腾小心待会儿我把你扔出去！"

我妈对正在发疯的我吼了一通以后，砰地关上门，回房间了。

我诺诺地应着，害怕得心颤了一会儿才安静下来。但盯着放在面前的那块干净的手帕，我笑得有些二百五，却无比欢乐。

5

高三那年的冬天，我自认为是浑浑噩噩地过来的，似乎一个冬天我都在生病中。

鼻子的严重阻塞让我说话的声音瓮声瓮气，难听得不行。直到高三下半学期开学，都还没有好过来。

只不过我很庆幸，自己平时没有和别人交流的习惯，老师对我的印象也处于模糊的状态。所以除了父母或者苏淮，极少有人和我说话。

但是苏淮和楚一然交往了。

我可以看见他们每天上课下课都在一起，一起来上学，一起放学走路回家，一起吃早饭……

他们在所有人的眼里都是金童玉女，而我就是那个只想拆散他们的老巫婆，同时也是一个极其没有胆量的老巫婆。我只能在一旁静默地伫立，一句话也不会说，无论是真诚的祝福，还是恶毒的诅咒。难过已经在我的思绪里投下了一层浅浅的阴影，让我没有勇气对他们其中的任何一个人再说任何一句话。

高考前夕，我鼓起了勇气，终于把苏淮给我的那块手帕还给了他。我把手帕洗得干干净净，叠得方方正正，放在他的抽屉里。

我知道，他第二天一定会看到；我知道，他一定会明白这是我还给他的。

把手帕还回去的那天晚上，我把抽屉里的那些纸条包括那张照片都烧了。我看着它们成了一堆灰烬，眼泪却没有办法把迅速向上蹿的火苗给浇灭。

6

烧掉东西的那天傍晚，我看见在蛋糕店里楚一然挽着苏淮的手，笑声如风铃一般，很是好听。

他们买了一个大蛋糕，手牵着手离开，谁都没有注意到背着书包跟在后面的我。

我努力地跟着他们的脚步，想要上前去向苏淮说一句"生日快乐"，但是在那之前，已经注意到我的楚一然却迅速地将苏淮带走。她眼底带着恶毒，却也高傲得让人无法侵犯。

最后在跟了四条街以后，就在我打算放弃追逐的时候，楚一然在那条街的巷口，踮起脚尖吻了苏淮。

就让时间定格在那里吧！我可以清晰地听见某些东西

在耳边碎裂的声音，清晰无比。

高考以后，各奔东西，就连毕业晚会我都没有去。

暑假我回了老家，住了整整两个月，在大一开学前才回家整理行装准备去南方的那所大学报到。

我没有叫爸妈陪我，而是一个人单枪匹马地闯大学去了。

当我提着行李下了的士，走到我报考的那所大学校门前，才恍惚觉察好像回到了初一的那一年，也是住宿，也是自己一个人，也是提着同样多的行李。

可是现在，心底却酸涩不已。

我再也见不到苏淮了。

7

"同学，需不需要帮忙？"

身后传来温润的询问声，我慌乱地转过身，看见的是一张陌生的却极为好看的脸，他穿着白色的简约T恤，身后站着三三两两和他一起来的男生或者女生。

我恍惚之间就想起，初一那年，苏淮也是以这样一个方式出现的。

眼泪在一瞬间涌了出来。

站在眼前的男生顿时慌了，"你不要哭啊！"

我低着头，嗫嚅了一会儿，低声地开口："我没有哭……"

男生微微一愣，偏过头说："声音很好听啊……女孩子，要多笑才好嘛，今天可是大学开学第一天呢，你是新生吧？我是大你一届的学长，以后有什么事情就来找我……"

我试过一再放弃，其实全是为了等你。

因为等不到你，所以我离开你。

九月一日天气晴。

我是秦晴。

笑 眼

晞 微

下 雨 天

他的记性真差啊。

上课上到一半的时候，他总是拍拍我，我回过头，他笑着说："你有便利贴吗？忘了买了。"第二天，他又在上课的时候拍我，不好意思地笑笑："我买的便利贴忘在家里了，你的借我一下呗。"第三天，他又在我记笔记的时候拍拍我，我记完手上这一行字回头，他笑嘻嘻地说："你有不用的本子借我吗？下节课听写，我忘了带了。"

终于在有一天课间，我回过头敲敲他的桌子，他抬起头疑惑地看着我，我抿抿嘴说："你以后能不能别老是在上课的时候找我借东西呀，你下课借不行吗？"

他不好意思地红了脸，点点头："以后不会了，我总是忘了带东西，总是麻烦你，不好意思啊。"

我摇摇头："没关系。我也不是怪你啦……只是你总在上课的时候借东西，我总落了笔记。"他低头在抽屉里翻找，抽出几本本子递过来，我接过一看，是他的笔记本。看着他真诚的眼神，我对他笑笑："谢谢。"

正是多雨的季节，总是下阵雨。通常在我写作业写到一半时，就能听到旁边窗户上发出雨打在上面的声音，啪啪的，伴着一股潮湿的泥土味。那味道闻起来带着清爽，让人感觉很舒服。

后面传来一张纸条："怕打扰你就传纸条，你带伞了吗？"

"没有。"我传回去。

不一会儿后面又拍拍我，这回是一把伞。我把书竖起来挡着脸，回头问他："你的伞给我了，你怎么办？"他一副不以为然的样子："我是男生呀，淋点儿雨怕什么。你身体没我好，总是生病，要是淋雨又生病了，怎么办？"我想了想："嗯，要不……我们共伞？"他愣愣，点头。

之后的日子，我们两个总是以"他借我笔，我和他共伞"的模式相处，直到毕业。

他在高一时辍学去了上海，后桌换了一个女生。南方的天气阴晴不定，总是前一分钟天晴，下一分钟就飘起了雨丝。我常常在写作业间抬起头发现下雨了，就习惯性地回头说："放学一起走？"然后对着后桌女生错愕的目光反应过来，不好意思地说："对不起啊，我以为是我朋友。他以前总和我共用一把伞。"

后排女生笑："那一定是你挨淋少，对方挨淋多。"

再不久，我遇见回家乡的他，和他说起后桌女生的话，打趣他说："那会儿你记性真差，总找我借东西，就是不会忘了带伞，比天气预报都准。不过那会儿的确是你淋得更湿啊，说明我比你瘦……"

他温柔地笑弯了眼看着我，我蓦地打住，忽然后知后觉地明白了。

桃 花 烙

隔壁家女孩子的红胎记真突兀啊。

这一天刚回到家，就看见隔壁家有人进进出出，还有工人搬着箱子大汗淋漓地上楼来，把东西搬进隔壁。隔壁的门开着，有轻微的灰尘在空中飘浮。一个四十五六岁的叔叔，看见我一笑，说："你好，我是新搬来的邻居。有空来我们家玩哦。"

我点点头，也对他一笑，找出钥匙进了屋。

晚饭时，和妈妈提起对面的新邻居，妈妈点点头："听说是两口子带着女儿来这儿上学，一会儿吃完饭，你把冰箱里我新买的橙子送去一些，打个招呼。他们家女儿刚来没有朋友，你以后多照顾照顾她。"

我点头应下，快速吃完饭，拿着橙子去了对面。开门的是白天的叔叔，他看见我，连忙让我进屋坐坐。我把橙子递给他："叔叔，这是我妈妈让我拿过来的。哦，对了，我叫阮瑜，周瑜的瑜。"

叔叔招呼我坐下："我姓陆，以后就叫我陆叔叔吧。"说着他冲里面喊："颐颐，有客人啦，快出来。"

过了良久，房间的门才打开，我对来人微笑，却在看清她的样子后有一刻发愣。

这个叫颐颐的女孩子，脸上有片红色的胎记，盖在右脸颊上。她此刻正看着我，我急忙收起眼中的惊讶，但她已经看到了我的表情，脸色阴郁地转身回房，重重地甩上房门。

陆叔叔一脸尴尬："对不起啊，瑜瑜，颐颐她……"

我有些后悔自己刚刚的表情，每个有缺陷的人都是敏感的，尽管颐颐的胎记有点儿吓人，但我也不该表现得这么明显。

回到家和妈妈说起，她瞪了我一眼："你怎么能觉得吓人呢，人家的缺陷也不是自己可以选择的，你要看到人家的优点。"

第二天去天台收衣服时，听到有人在唱歌，我探头一看，是陆颐。她正闭着眼对着空气唱："想象你的孙子/孙

少年们都在步步为营

女/充满光的瞳孔/正等着你开口/等着你说/你生命最光辉的一次传说……"

是五月天的《有些事现在不做一辈子都不会做了》。

我站在原地听完这首歌，她睁开眼睛看见我，扫了我一眼，准备下楼了。

看来她生气了。

我拉住她，她皱眉看着我，一双笑眼里全是冷漠，我开口说："其实你的胎记不难看，很像一朵桃花……唔，我家有五月天的CD，去我家玩吗？"

她低下头，半晌，抬起头看着我，我真诚地看着她，她突然笑了，点点头："好。"

他 们 俩

他真让我嫉妒啊。

每天课间操，他都会跑去学校门口的蛋糕店，然后拎着蛋糕回来，放在小棉花的桌子上，再摸摸小棉花的头，两人相视一笑。

小棉花是我喜欢的女孩子，她叫陈蔚惠，但我看到她时，总是会想到白白的、一团团的、软软的棉花，所以我在心里给她取个外号，叫"小棉花"。虽然听着挺矫情。

五个月前，小棉花被安排坐到我面前，那个时候她留着齐肩的中长发，一双杏仁眼，皮肤特别好，特像"少女时代"里的林允儿。

我因为摔伤了手，那一个月都享受着特殊待遇，不用交作业，不用考试。上课只能听，做不了笔记。放学时，小棉花从抽屉里抽出几张纸，递过来。

我一看，是她的笔记复印件。我有些感动："谢谢。"她摇摇头："不用客气，应该的呀。"

喜欢一个人，有时真的因为一件事就够了。

我用三瓶七喜向小棉花的好友打听到小棉花有胃病，就在药店买了一大堆胃药，藏在我的抽屉里。后来借做值日的机会，把药偷偷地放进她的抽屉。

第二天一大早，我来到班级。同桌比我来得早，他盯着小棉花的桌子发呆，我一惊，和他打招呼："杨由，来得这么早啊。"他收回目光，笑："嗯，对啊。昨天和陈蔚惠说了帮她带早点嘛。"他的脸微微一红。

"哦。"我别过头，目光扫过塑料袋子里的牛奶和盖浇饭。

小棉花来的时候，看见桌子里的药，笑盈盈地回头："杨由，这药是你买的呀？上回和你顺口一提我有胃病，你居然记住了。"

杨由抬头，对她笑："嗯。"

我的希望又黯淡下去，原来有的事情努力了也不会有回报。我为小棉花擦的桌子，复印的数学资料，匿名的安慰……她都先入为主地认为是杨由做的，是因为她也对杨由有好感吧。

我多嫉妒杨由啊。一天比一天愈发地嫉妒，心里的不甘蠢蠢欲动。

我找到了老师，要求换位置，老师疑惑地看我："为什么？"我缓缓地开口："因为陈蔚惠……和杨由……"心里有个声音告诉自己，如果告诉老师，他们就不能在一起了。

"什么？"老师皱起了眉。

我脑中浮现出杨由的笑眼，他总是相信我，有什么不开心的事情都告诉我。我继续说："他俩成绩太好，我怕影响他们学习。"

老师扶了扶眼镜，叹了口气："嗯，我同意了，不过你要加油啊，你并不笨的。"我点点头，原来，老师仍对我存有希望。

我长出了口气，回到教室。杨由问我："怎么换位置了？这么突然。"片刻，他突然低下头，小声说："对不起。"又补充一句，"不过，我真的有把你当好朋友。"

我拍拍他的肩膀："知道啦。"然后我们都笑了，他的笑眼里，闪闪发光。

我知道，我们两个都没有了隔阂。这样也不错。

双　生

他真让我讨厌啊。

在他没出生之前，我一直是家里的宝，爸爸妈妈对我百依百顺，要什么买什么，我有大把的时间用来玩。可他出生后一切都变了样儿。爸爸妈妈总是哄着他，好吃的都分给他一半，放学后我也不能出去跳绳、抓知了，只能待在家里照顾他，跟在他身后喂饭，像个小保姆。久而久之，小伙伴们也自觉地不来找我玩了。

更气人的是，每次我对他不耐烦，推开他时，他总是大哭，爸爸妈妈就会喊："瑜瑜，你要让着弟弟，他还小！"

于是我就像很多姐姐一样讨厌起自己的弟弟来了。

偏偏他还不知道我讨厌他，总是黏着我。我忍无可忍，在他八岁的时候把他带到镇里的巷子里，"你是爸爸妈妈捡来的你知道吗？就是在这里捡到的，所以以后不要再黏着我。阮洋，你很烦啊。"

他睁大眼睛看着我，嘴一撇，我呵斥："不准哭！"他低下头一副委屈的样子，我心满意足地回家了。

之后的一个礼拜，阮洋都没有再黏着我，他乖乖地完成作业，没有不小心把碗打翻，也不会在我睡觉的时候跑进我的房间说"姐姐我怕"。我很满意，每天有很多时间空出来和同学出去玩。

爸妈很奇怪这几天阮洋的安静，他们在吃饭时好奇地问阮洋："洋洋，这几天怎么都不和姐姐一起玩呀？"

阮洋抬起头，怯怯地说："妈妈，我是捡来的吗？"

妈妈一愣："谁说的？当然不是。"

"姐姐说的。"

妈妈瞪了我一眼，我不服气地摔下筷子，跑进了房间。小小的心里充满了委屈和不甘。

阮洋在高中时长得很高，像笋一样拔节，和我说话都微微低着头。我没有小时候那样讨厌他了，但对于他和我不同的待遇仍然有些不高兴。他连零用钱都比我多一倍。

阮洋遗传了妈妈的笑眼，笑起来很好看。但我遗传了爸爸的单眼皮，我俩怎么看都差一大截。

爸爸妈妈总是出差，我和阮洋倒也相安无事。但我不允许他进我的房间，不允许他带朋友回来。他也不反抗，听话的样子有时倒叫我莫名地恼火。

这天我买完早点回家，门口正站着一个女生向里张望，我走过去问："你找谁？"

女生扎着马尾，看见我脸一红："我找阮洋……"

我打开门，回头看她："有什么事吗？"

女生点点头，递给我一个本子："阮洋这几天没来上课，我想趁周末来看看，这是我帮他补的笔记……姐姐，你可不可以帮我给他呀？你别误会……我是他同桌来着……"

我接过来："嗯，谢谢。"

转身进屋，阮洋正在房间里写作业，我在他身旁坐下，说："周末作业挺多呀。"他惊讶地看着我，点头。我继续试探："这周课听得懂吗？"他避过我的眼睛，看着书桌："嗯，听得懂。"

我把笔记摔到他桌上，大声问："这几天你到底干什么去了？"

他被我吓了一跳，有些慌张："我……我去参加绘画比赛了。"

"好啊。"我点头，"你不要前途了与我无关，我不会再管你去干吗了，你就一直堕落下去，直到腐烂吧！"我走出房间把门一甩。

晚上我去参加同学的生日聚会，闹到很晚才离场。走在路上摸出手机，发现阮洋的电话短信全涌了出来，焦急的口气问我在哪儿。我冷笑，又把手机丢回包里。

打开家门，我被沙发上的阮洋吓了一跳。他听到声音"腾"的一下站起来，跑过来帮我开灯，伸手帮我关门："姐姐你去哪儿了？我好担心你。"他跟在我背后，"我知道错了，那个比赛的一等奖有三千块钱的奖金，我想帮你买你上次看中的相机。我以后不会了，姐姐你别生我的气好吗。我一直担心你，这么晚了不回家是不是出事了，还好你回来了……"

他声音有些沙哑，我一回头，他居然哭了。

我突然意识到他这么久以来，面对着讨厌他的姐姐，一直战战兢兢地扮演听话弟弟的角色，我已经好久没看到他笑了。

我听到自己内心说，恐怕你早就不讨厌他了吧。

我转过头去，也红了眼眶："别哭了，你可是男子汉欸！去给我做夜宵，我饿了。"

"好的！"他笑了，跑进厨房。

怎 么 说 呢

有笑眼的人笑起来，好像眼里的情绪都要溢出来了一样。

真招人喜欢呢。

狮子座男生

狮子座男生

刘勇强

1

盛夏里最难熬的那天，天气热得人心里冒泡，路惜朵愤愤地想，顾小川，老娘我甘愿在太阳爷爷的暴晒下等着给你送情书，那是给你面子。你要是敢爽约不来，老娘一定劈了你。

话虽这么说，但其实路惜朵的爱恋是暗自进行的，是卑微却骄傲的，所以注定了她的纠结。纠结于到底要不要把这个重要的秘密告诉顾小川，那个狮子座的大男生，那个身上弥漫着王者气息的少年。

朋友们都会说，惜朵啊，人家顾小川可是大众女生心目中的白马王子，明星都没他那气质。你虽有几分姿色，但要顾小川接受你还是得抓紧啊。

　　忠言逆耳，说得有那么点儿道理，再加上最近顾小川的市场没平时那么火爆，路惜朵决定还是抓紧时间把人混熟。而导致顾小川女生缘直线下降的罪魁祸首就是刚来的转校生苏澈程，路惜朵是应该感谢一下这个未曾谋面的大恩人的。

　　踏着有节奏的小步子，路惜朵徘徊在顾小川放学回家的必经之路上，远远就看见迎面走来的顾小川。当然，旁边跟了个拖油瓶似的女生也属正常。

　　只不过，那女生长得……在这里，同为女生，路惜朵不予评价她的长相，免得伤人自尊。然后，意料之中的事情发生了，那个女生很没自知之明地向顾小川表白了。

　　路惜朵站在路中央气得牙直痒痒，据说，顾小川对向他示爱的女生基本上是来者不拒的，然后交往个几天再委婉地提出分手，这也是众多女生迷恋他的原因之一。

　　看来今天自己是没希望了，路惜朵失望地感叹那个女生的运气之好、勇气之嘉。准备转身离开的时候听见顾小川特无奈地问："呃，请问你喜欢我什么呢？"

　　"你的一切。"那女生毫无醒悟地答道。

　　然后很悲剧的一幕上演，顾小川很小声地嘀咕："那我改行吗？"

　　路惜朵很确定，当时顾小川是这么说的。这堪称是路惜朵有生以来听到的最伤人的话。

2

星期天，路惜朵爬到自家阳台上啃着七彩冰激凌翻看漫画的姿势特别不优雅，两条还算纤细的腿在空中划来划去。然后楼下响起了隔壁邻居许夏的声音，"苏澈程，我们一起去德里游泳馆吧，我有那里的免费票呀。"

咦？她今天喊的不是顾小川，路惜朵着实吃了一惊。翻了个身坐起来偷瞄起了楼下的少年，哇，比顾小川还美的美少年耶！因为顾小川还是比较大男子主义的，而这个叫作苏澈程的却很清秀，男扮女装一样的感觉。

对了，苏澈程，自己的大恩人呢。路惜朵像突然想到什么重大事件，噔噔噔地下楼，看到大活人苏澈程站在自己面前，路惜朵恨不得上前和他握个手，再加一句，"您辛苦了，你妈生出你这样的美少年一定也很辛苦吧。"

因为担心许夏那个魔女感情失控，路惜朵还是决定理智地对待自己的恩人，脸上一个标准的微笑，露出整齐的八颗大门牙，甜甜的一声，"嗨，你叫苏澈程吧，我叫路惜朵，许夏的邻居兼同班同学。"

"许夏的同学吗？你是三班的？你好，我是四班的。"苏澈程的声音好听得不像男生，可能因为还没到变声期吧。而顾小川属于早熟型的，声音很有磁性。

"是啊，是啊。"路惜朵激动地应着，正准备深入了解一下的时候看到了一旁许夏投来的愤怒之火，于是马上嚓声，然后苏澈程的手机很合时宜地响了起来。

"小川啊，今天许夏请大家去德里游泳馆，你要来吗？"苏澈程说这话的时候依旧微笑着，丝毫看不出和顾小川有啥苦大仇深的模样，倒是很开心地应着，"好啊，一起去吧，我刚认识了一个可爱的女生呢，介绍给你认识吧。"

路惜朵像发现新大陆似的忍不住惊讶，"你认识顾小川？一会儿他也要和你们一起去德里游泳馆？"

"不仅顾小川去，还有你啊。"

这话让路惜朵兴奋地直想大叫，老天，你今天终于肯开恩了！

3

"路惜朵，你还不游快点儿，再慢我们组可就输了哦。"顾小川游在前面，回头望着后面刚混熟的路惜朵，不禁大笑起来。很奇妙的感觉，看到眼前的这个女生，就会想一直为她笑，为她放弃外面的花花草草。

"哦，知道了。"路惜朵也说不清楚，此时心里的小甜蜜算不算是以前的盲目喜欢的一种升华，那个时候的顾小川明明那样霸道，让人难以接近。

最后的结果是，顾小川和路惜朵一组胜利。因为身为旱鸭子的苏澈程压根儿没下水，而许夏游泳技术再好，也比不了顾小川这个大男生。

一整个下午，路惜朵觉得很不真实，那个自己总是远远观望的顾小川居然就这么和自己混熟了？不得不说，这要感谢苏澈程的引荐，也要感谢许夏同学提供的免费票。

日落黄昏的时候，路惜朵一行人从德里游泳馆走了出来。许夏走在苏澈程的旁边叽里咕噜地讲着三班的陈年往事，苏澈程听得也很认真，不时地嘴角上扬，扬出一个弯弯的弧。

路惜朵也适时地放开了对顾小川所有的紧张，夸夸其谈地说网络游戏，聊NBA，评论着近来流行的街舞。顾小川听得一愣一愣的，他没有想到，在这个女生喜爱偶像剧的年代，路惜朵能了解这么多男生世界里的东西。

他打心里开始佩服面前的这个女孩子，不再是第一眼的好感，而是一种深深的迷恋。书上说狮子座的男生是阳光花心男，顾小川承认这个真理，可书上还说，如果狮子座男生遇到心仪的对象时，也是个专一的男生。

顾小川觉得，自己对路惜朵，就是那种感觉。

4

回到学校以后，朋友们八卦地围着路惜朵，说要告诉她一个好消息，"上个星期五有人目睹了顾小川拒绝了一个长相很对不起大众的女生，你知道万人迷顾小川说了什么吗？"

"我知道，并且目睹了这场悲剧。"路惜朵一提到这还是忍不住倒吸一口气。真是多亏了那个女生，自己才打消了表白的念头呢，要不然，结果一定好不到哪儿去。

"所以我没有把情书递出去。"

"那现在怎么办？"朋友们异口同声，路惜朵差点儿以为这是她们自己的终生大事。怎么大家都比当事人还激动？清了清嗓子，路惜朵觉得还是坦白的好，"但是，我已经在昨天和顾小川一起去了德里。"

"不是吧！"这下轮到众人惊叹了，这丫头果然是个狠角色，不知不觉已打到敌人内部去了，这比起纯属无聊人士课后闲聊，要爽快得多。

"路惜朵，放学等我一下，我有事找你。"三班门外，顾小川的身影晃了一下便匆匆消失在门口。众女生齐刷刷地瞄向路惜朵，眼里是不可置信的疑惑。

路惜朵脸一下子红到耳朵根，这家伙果然是独裁专制习惯了，不会低调点儿为女生着想一下吗？

怀着忐忑不安的心情，路惜朵勉强撑到放学，步履维艰地走向四班，刚巧碰到了准备离开的苏澈程。礼貌性地打了个招呼，苏澈程急急忙忙地说有事便先离开了。

路惜朵那天没有等到顾小川，换句话说就是顾小川那个混蛋放了她一次鸽子。

5

路惜朵怎么也想不到，那天顾小川是要向自己表白的，可他希望能把表白弄得隆重点儿、特别点儿，于是选在了离这个城市不远的一个小镇上，那里有一片鲜红的玫瑰花田。

顾小川希望可以站在那里，对着自己喜欢的女孩子讲出"我喜欢你"四个字，还邀请了一大堆好朋友前去助阵。但是就在顾小川摘取红玫瑰的过程中，中了蜘蛛红玫瑰的毒。那种程度的毒据说不严重，可偏偏顾小川这个大男生居然对此过敏。

现在的顾小川还躺在医院里留院观察，路惜朵一个人跑来这片玫瑰园希望可以亲眼看看这里，眼泪在眼眶里打转，然后一滴滴地打在玫瑰花瓣上。

"大笨蛋，顾小川，我也喜欢你啊。"生机勃勃的玫瑰园里，路惜朵像个美丽的公主，站在园边努力地朝着天空，喊出自己埋藏已久的暗恋。

没有观众，没有掌声，可是有一大片的玫瑰花，它们见证了路惜朵的真心。

回到医院里，路惜朵逆着光捧着一大束玫瑰花对着床头的顾小川说："我喜欢你，谁先说出来都是一样的吧。那么这次，由我先说，我喜欢上你了，独裁专制的狮子座男生。"

其实，狮子座的男生只是比较孤单吧，他们把心里最柔软的角落留给了自己喜欢的女孩儿。他们霸道，只是因为骄傲惯了，怕失去后没办法承受那种从两个人再变成一个人的孤单。

上有天堂，我有苏杭

木子李

原来苏杭会疼啊

我的额头上有一块大疤，浅浅的肉红色。

从七岁那年，它就陪我惊恐入梦，惊恐失眠。因为苏杭说，那是块很难看的疤。到了上学那会儿，我和桃旺分在了一个班里，苏杭在我们隔壁班。

在一个班级里，有两种女孩儿是十分惹人注目的。一种是像桃旺这样漂亮聪明的女孩儿，一种是像我这样整天戴着帽子的小怪物。桃旺的好朋友多了起来，而我的好朋友始终只有桃旺。

哦，还有苏杭。

那个脑袋长在屁股上的苏杭，居然为我打了一架。

原因是，某个炎热的午后，我趴在课桌上睡了一小觉，就听见大家都在笑。我迷迷糊糊地睁开眼，看见一张巨大无比的脸凑在我的眼前，是我前排的小胖子。他看我的表情像是我的脸上要飞出一只蝴蝶来，直到他咧着掉了两颗门牙的大嘴问我，"姜桔，你的头上怎么长了一条蜈蚣？"

我惊觉地两手一摸脑袋，才发现帽子不见了。这时，小胖子扬手一挥，我的帽子从他手里腾空而起，他大叫，"姜桔，原来你是个丑八怪！"

接着，大家都哈哈地笑起来。

帽子在笑声中，以抛物线的轨迹飞过来飞过去。我像一只无头苍蝇，追着那顶帽子跑，最后，那顶帽子被丢在了地上，小胖子一脚踩了上去，然后又捡了起来，说："喏，姜桔，给你。"

"我不要了，我真的不要了……"

我看着那个脏兮兮的帽子，捂住脸哭了起来。"苏杭，苏杭，他会给我买新的帽子的！"我背着西瓜太郎的小书包，抹着眼泪，去找苏杭了。

于是，苏杭来找小胖子了。

据桃旺描述，苏杭和小胖子狠狠地打了一架，我扬起哭得肿成猪头一样的脸问："谁赢了？"

桃旺眼睛红红的，小声地说："小胖子。"

我从床上一跃而起，一路飞奔到苏杭的家里。苏杭正抱着大脑袋哼唧哼唧地喘气，脸被狗啃了一样。我问他："疼吗？"

他说："不疼，那小胖子简直就是条狗，幸亏我会打狗棒法！"

说完还嘻嘻地笑了一下，扯动了脸上的伤，那笑看起来格外牵强。我一把抱住他的脑袋哭了，我喊："苏杭，苏杭……"只是叫他名字，哽咽得一把鼻涕一把眼泪。

苏杭就吃吃地叫："哎哟，疼！疼……别碰！"

原来，苏杭疼啊。

原来，苏杭会疼的啊！他刚才明明说不疼，他是个骗子！可是，骗子却用他的方式，温暖了我整个青涩的年少时光。

姜贞子遇见钟子坚

我记不得苏杭为我打了多少次架，每次他都顶着旧伤未好新伤又添的嘴脸对我说："来，姜桔，给哥贴个OK绷，轻点儿。"

初始的我哭，眼泪唰唰地往下掉。苏杭就问："姜桔，你哭什么？"

我说："你好丑呀，你看看你，每天都顶着猪头一样的脸来吓我！"

苏杭就很不高兴地把脸拉得比驴脸还长，我破涕为笑，声音大到足以掩盖心里的难过。再后来，苏杭总是跟我说："姜桔，你要记住，上有天堂，你有苏杭。谁都欺负不了你！"

起初我不懂那句话的意思，只觉得开头两句真押韵。后来我在语文课本里才知道，那句话最初应该是，上有天堂，下有苏杭。

但是苏杭也太臭屁了，竟敢拿自己跟天堂比！

很多年过去了，我再也没有遇到比苏杭更好看的男孩子，也没有遇到比桃旺更漂亮的女孩子。只是，愈是漂亮的他们，愈是让我不安和自卑。

升了高中，离开小镇去市里就读的那一年，我开始把刘海儿留得很长，长到足以掩盖那块疤。只有桃旺明白，我在把自己伪装成一个刺猬的同时，也在刺伤着自己。

直到遇见钟子坚，那个把我的刺一根根拔掉的男生，他叫我姜贞子。他说他第一次看见女生的刘海那么长，长到几乎看不到眼睛，走路还轻飘飘的，像从电视里爬出来的贞子。

只是，贞子也不曾想过，只是一个路过，横祸就飞上头来。

学校附近的音像店外，我正低着头走路。钟子坚却带着一身霸气，一杆子挑起台桌上的球直嗖嗖地朝我飞来，任我躲闪不及，正中鼻梁骨。

啪！

我仿佛听到鼻梁骨碎裂的声音，接着眼前黑得只有一圈星星在闪。就在我捂着鼻子，晕得天旋地转的时候，身边有个声音忽然响起，"你没事吧？"

　　事隔多年，我依旧能记得钟子坚的声音。

　　就像那个午后，音像店外放着陈奕迅的《红玫瑰》一样，都是带着慵懒散漫的味道。他站在距离我一米处，拿着长长的球杆挑起我的下巴，盯着我，语气不冷不热，他说，都流血了……

　　我这才发现鼻子里的血，从指缝间冒了出来。因为他拿着球杆挑着我下巴的样子极其轻佻，所以我顾不得疼痛，连忙别过脸小声地说："没事，回去洗洗就好了。"

　　一个矮个子男生跑过来，附在他的耳边说："老大，别管她了，我们继续打……"

　　钟子坚幽幽地转头看向他，瞳孔里散发着幽冷的光，把矮个子没说完的话给直直地驳了回去。然后，他步步逼近我，我的脸在刹那间红了，我警觉地往后退了一步，他忽然用力抓住我的手腕说："跟我去医院！"

　　我在他不容拒绝的语气里怔了一下。最后，我用力甩掉他的手，跑开了。

　　我想，那时，钟子坚一定对我的举动很是诧异，因为我感觉得到，背后有道炯热的目光望着我跑开的背影。

　　他当然不会明白，为什么我的眼神里藏着闪躲。他更不会明白，我刚刚的脸红只是怕他发现我刘海之下的那块疤痕。哪怕，他只是一个萍水相逢的路人。

三七分的河东狮吼

我实在无法想象，一个人怎么可以用球杆挑起台球飞出去，要知道那个小球的重量可抵得过一块小石头，这要多大的力道才可以办到。

但是，偏偏我中了"头彩"。小球的杀伤力果真不一般，伤处的血是止住了，但还是疼，疼得我在宿舍躺了半晌还直吸气。桃旺倒掉了被我鼻血染红的半盆水，眉心揪成一团，她责怪我，"你怎么那么不小心呢？说撞墙上就撞墙上去了！"

我傻笑一通，回她，运气太背。

我不敢告诉桃旺，其实我是被人给打成这样的，因为我怕她会告诉苏杭。如果被苏杭知道了，那还了得！更何况，打我的还不是一般人物，那个矮个子一口一个老大地喊，这笔账怎么算都是苏杭吃亏。于是，我就对桃旺撒了一个小小的谎，我说我撞墙上去了。

可是苏杭知道这事之后，他问我："哪面墙啊？我拆了它去！"

我一听，汗毛都立了起来，我上哪儿给他找一面墙啊！我只好继续圆我的谎，当时撞得眼冒金星的，也记不得是什么地方了……苏杭就伸出手在我眼前晃啊晃的，问，姜桔，没撞傻吧？这是几？

桃旺扑哧笑出声来，制止苏杭说："别闹，姜桔难受着呢。"

唉，知我者，桃旺也。我这鼻子上的伤也有快三天了，瘀青褪得差不多了，但就是有时还会隐隐作痛。每次疼的时候我都会想，当初我怎么就一溜烟跑掉了呢，我真应该狠狠地朝钟子坚的裤裆踹下去。

这是苏杭教我的，苏杭说，以后哪个男生欺负我，我就朝他裤裆踹下去，保证他跪下来喊我姑奶奶。说这话的时候，桃旺也在，桃旺听完后，脸红得跟个熟透的小番茄似的。只有我溜溜地转着一双大眼睛，觉得这招新颖至极，从没听过。

我还真想听别人叫我一声姑奶奶，于是我趁苏杭不注意的时候，朝他的裤裆猛踹了下去……

当时，苏杭的脸都绿了。半天，他从牙缝里挤出两个字，姜——桔！

我看着他痛楚的眼神，问："哎呀！你怎么不叫我'姑奶奶'？"

尽管苏杭没叫我姑奶奶，但我觉得这招实在猛！因为苏杭离开的时候，都是夹着大腿走回去的。所以啊，我就琢磨着，哪天让我碰见钟子坚，我非把他踹回娘肚子里去！

可是，我万万没想到，钟子坚竟然主动找我了。

好像是有备而来，因为他居然知道了我的名字，而且站在女生宿舍楼下，拿着扩音器大声地喊："姜桔，姜桔！"

当时那场面，啪啪的，隔壁的窗户全打开了，从里面探出数颗脑袋，往楼下瞅。结果，我看到了喊我名字的是个留着三七分头的男生，钟子坚正坐在树荫底下乘凉。

乘凉的他，还不忘嘱咐站在他身边的"三七分"，"大声点儿，给我把人喊下来，你就可以走了。"

于是，接下来，"河东狮吼"正式上演。

你给我的保护，请到此为止

当我气势汹汹地站在钟子坚面前的那一秒，我就挫了，蔫了。

他打了个手势，"三七分"就溜了。然后，他凑到我面前瞅了瞅说："姜贞子，还肿着呢？"

我低低头说："你不用放在心上，都快好了。"

钟子坚就笑，那笑的弧度扯得极轻，看起来好像有点儿莞尔的意味。他顿了顿才回我，"我从来不打女人，所以我要确保你真的没事才行。"

他说完，我觉得我快要哭了。我是女生，不是女人！

这样的话我当然不会说出来，我只是很无奈地回他，"那我也向你保证，就算有事，也绝对不会让你负半点儿责任！”

　　可能是我说话的语气有点儿冲，钟子坚居然一步逼近了我，骇得我只想后退，却被他一把钳住手腕。他说："你好奇怪，好多女生都巴不得得到我的关心，你怎么就这么不待见我？"

　　他离我太近，近到他身上的薄荷气息扑面而来。明明是清新淡雅的味道，却引得我手足无措，他完全把我的脸红和不安，当成对他有意思的暗示。他笑了起来，带着嘲弄的语气，"呵，会脸红哪？原来你也不例外，还用这招欲擒故纵。"

　　我一把挣开他的手臂，想着这天底下怎么会有脸皮跟水牛皮一样厚的人。难道非要我扒开额前的刘海，将我屡屡脸红的原因给他看吗？不是我没勇气，而是我怕把他吓跑。

　　我转身上了楼，连一句话都没留给他。背后那声音却铿锵有力地传来，"我还会来看你的！"

　　我却假装听不到，越跑越远。

　　不知道这事怎么就传到苏杭的耳朵里，吃午饭时，他特意问我，"姜桔，是不是有人找你麻烦了？"

　　我想了想，摇摇头，埋着头默默地吃饭。可是桃旺的话比我的头摇得还快，她说，"有人看上咱家姜桔了，拿着大喇叭站在女生宿舍楼下告白呢，整栋宿舍楼都知道了。"

我一听，差点儿没被米饭呛个半死，连咳带喘，好半天才缓过劲，忙解释，"哪有的事啊！桃旺，你又胡说了。"

桃旺只是笑，也不继续埋汰我。但是我明显从苏杭的眼神里察觉出一丝不悦，那丝不悦在他的瞳孔里积聚着，仿佛要喷出一团火来。我一急又补了一句，"我招了吧，我跟他真没关系，因为我脸上的伤是他打的，所以他特意来看看。"

说完，我就后悔了。好不容易瞒了这么多天，就这么哧溜一下子给说破了。

果然，下午最后一节美术课，桃旺就哭着来找我了。我一看她哭，就明白个大概了。

桃旺在我的耳边求我，"姜桔，你去看看他吧，伤得好厉害……"

我无动于衷地继续给画板上的小草上色，却上成了紫色。我何尝不想去看看他呢？可是我怕啊！这些年，我如此小心翼翼不招惹他人，为的就是不想看到苏杭为了保护我而受伤的样子啊！我不是不想见，而是不敢见啊！

可是，不知什么时候，苏杭已经站在了画室的门口，脸上挂着深浅不一的伤。他佯装很轻松的样子说，"桃旺，我说你跑哪里去了，又向姜桔瞎掰了吧，我好着呢。"

桃旺的眼泪簌簌地往下掉。谁都可以看得出他不好，说话都吃力。

我几乎失控般地端起画盘朝苏杭砸了过去，我声嘶力竭地朝他吼，"以后我的事，不用你管！"

花花绿绿的颜料在苏杭的衣角滴滴答答落下，像小丑的眼泪，撩起我心里悄无声息的哽咽。他的眼眸滑出一丝冰凉的难过，让我几乎快要受不了，就要抱住他了。

他轻轻地说，"姜桔，我不疼，真的不疼……你给我贴个OK绷就好了……我要小熊图案的……"

他的语气低得几乎听不见，于是，我隐忍着眼泪，假装没听见，离开了。

哪怕踉跄，哪怕举步维艰，我也不要回头。

十年之前，他为了保护我说不疼，我只会傻乎乎地流着眼泪。十年之后，他为了保护我还是说不疼，而我却把眼泪悄悄地藏在心底。

苏杭，我疼。你给我的保护，请到此为止吧。

姜桔，别哭啊

桃旺越来越疏远我了。

也许是因为那天我对苏杭过分的举动，又或许是因为高中的课业，我们三个已经很少在一起吃饭了，所以，感情变得疏淡起来。

而钟子坚，那个一度让我憎恨的家伙，他果真又来看我了。我几乎是带着怨气、怒气瞪着他，苏杭伤成那个样子，他居然毫发无损！还露出一口白牙，笑得极其灿烂。

他说，"嗯，你的伤看起来好多了，只是情绪有点儿糟。"

我皮笑肉不笑地回敬他，面对一个只会挥拳头的人，我开心不起来。

他问，"姜桔，你是不是误会什么了？你哥被打成那样子不是我干的，他当时来找我，我根本就没打算和他打架，把你弄成这样子是我不对，挨他几个拳头算了。可我的那帮弟兄不干啊，他们背着我打了他。"

我一听是一帮人打了苏杭一个，几乎失控地狠劲儿地捶他的胸口，我说，"都怪你！"

钟子坚无动于衷，任我胡闹，直到一盆冷水从楼顶朝我泼下来，我顿时呆若木鸡。

滴答，滴答……周遭开始变得喧哗，只有我安静了。有人朝我指指点点，我狼狈地抬起头看着钟子坚，钟子坚的眼神变得异常复杂，他的语气也变得小心翼翼，"姜桔……"

我这才意识到哪不对劲儿，慌忙用手探向脑袋，果然，刘海儿都乱了。果然，那条蜈蚣似的疤痕展露无遗。我不吵也不闹了，眼睛里带着星星点点的泪快要翻涌而出。

钟子坚忽然抬手，捋顺我湿漉漉的刘海儿。他说，

"姜桔，别哭啊……回去擦干就好了。"

回去擦干就好了？

听他这样说，我几乎蹲了下去，恸哭到不能自已。钟子坚，我不会再好了，从七岁那年，我就不会再好了。

这些年来，我唯一可以做得到的就是，假装很好。

可是我的假装就这样毫无预兆地被拆穿了，现在的我只想找个地方，躲一躲。可是我无处可去，只好对钟子坚说，"你带我到处走走好不好，随便哪里都可以。"

钟子坚顿了一下，才回答，"好。"

他在前，我在后。我踩着他的影子低着头一路走，从日落到月出，直到一弯新月挂上枝头，钟子坚才肯回头看我。彼时的我，像一个纸片人，几乎快要虚脱了，钟子坚觉察出我的异样，他唤我，"姜桔？"

我在他那一声姜桔里，身体不听使唤地倒了下去。

我听不清了，也看不清了，我只觉得我趴在一个温暖的背上，像伏在云端里，一直飘啊，一直飘啊。我紧紧地抱住他，大声地哭，苏杭……苏杭……

然后，云就忽然不飘了。

而我，却哭得更汹涌了。

你还是得一直跟着哥哥的

兴许是淋了那一盆冷水的原因，加之走了很长时间的路，我才会体力透支，高烧不退。

在医务室打完点滴，天已微亮。回去的路上，钟子坚把外套脱下来拢上我的肩头，他说，"今天就不要去上课了，好好休息。"

我问他，"为什么你要对我这么好？"

他揉揉我的发，一副嗤之以鼻的模样。他说，"我误伤了你，你可是我的债主啊，我是来还债的，当然要对你好一点儿。"

我完全可以听得出来，他很顾及我的感受，编了一个堂皇冠冕的理由来安抚我的心。哪怕，他已经知道我不过是个头部顶着大疤的丑八怪。

回到公寓，楼下有个熟悉的人影在来回踱步，走近了才发现是苏杭。我忽然有越过他的冲动，自从上次那样对他，我已经没有勇气再看他一眼。

可是就在我快要与他擦肩而过的时候，他却眼疾手快地抓住了我。哑哑的声音传了过来，"姜桔，你去哪里了？"

我转过脸看他，他微微隆起的眉心里满是掩不住的疲惫，一定是等了一夜。我几乎说不出话，我怕自己会不小心哭出来。

我刻意地拉拢了身上的外套，那是钟子坚的。可是不管是谁的，总之，苏杭可以认出那是男生的外套，所以，我一句话没说，他就明白了。

哦，我一夜未归，原来是约会去了。

苏杭苦苦地笑了一下，"姜桔，你闭上眼。"

我闭上眼。过了许久，苏杭的声音才响起，"姜桔啊，我只是凑近你的脸看了看，原来你的疤还在，你还是那么难看，你还是得一直跟着哥哥的。"

说完，苏杭就离开了。

我睁开眼，擦擦眼泪。是的，**擦擦眼泪**。苏杭刚刚就是趁我闭眼的时候，擦掉了眼泪，而不是凑近我的脸，瞧什么难看的疤。

他不知道，他这个可笑的动作，就差点儿让我被一股淡淡的辛酸给击倒了。

再后来，苏杭开始谈恋爱了，女朋友一拨接一拨地换。

桃旺在学校的顶楼搂着我的脖子，眼泪一颗一颗地往下掉。她问我，"姜桔，为什么他换了那么多女朋友，换来换去都不会是我？"

我摇摇头，心里像破了一个洞，连呼吸都觉得疼。

桃旺说，"姜桔，你真傻还是假傻啊？你就不想想小学时，那小胖子为什么会发现你的秘密？你就不想想为什么楼上有盆水偏偏就泼你头上去了，**都是我干的！我就见不得你好啊！**"

桃旺的声音带着低低的啜泣，最后她用着近乎苍凉的声音说，"为什么全世界的人都讨厌你了，而苏杭却永远把你当宝贝……"

天台上的风很大，我觉得冷极了。

有东西从我的面颊流下，我分不清那是泪还是青啤的泡沫，总之，都是苦涩的味道。可是，我不怪桃旺，我知道，她醉了。

因为只有醉了的她，才会摇着我说一些胡话。

我拿着一个叫幸福的气球站了好久

初夏的五月天，钟子坚弄了一块黑乎乎的"狗皮膏药"给我。

他说那是他托他爷爷配出来的方子，他爷爷是位老中医。我还真不相信一块黑乎乎的东西就能把我的疤给治好了，况且这方子太难闻了，搞得我连桃旺都不敢靠近。

可是，你会不会相信，这世上是有奇迹的？

而我的奇迹就是，在第三十六个清晨起来照镜子的一刹那，我忽然发现额头变得很光洁，跟我脸上的肌肤一样，透着新生的力量。

钟子坚看到我的那一刹那，把我的头重重地按在他的肩膀上，他说，"姜桔，你真好看。"

那声音里带着颤抖和喜悦，我忽然就哭了。也许是委屈了太久，也许是奇迹来得太突然，总之，哭比笑更能表达我现在的感受。

晚上，桃旺帮我挽了一个很好看的发髻，别上一个碎钻发夹。她约了苏杭和钟子坚，说是要帮我庆祝一下。我变回原来的样子，她比谁都开心，好像如释重负般。

我相信，她的开心是真心的。哪怕，她曾经说过，她就是见不得我好。

我已经好久没见苏杭。包间里，他窝在沙发上，我鼓足勇气走了过去，忽然，他就这么站了起来，扳住我的脸，狠狠地吻了下去。当着钟子坚的面，当着桃旺的面，倾尽力气，将我牢牢地箍紧。

还没开始的庆祝，忽然就因为这个突如其来的吻而气氛冷到了极点。我不抗拒他的炽热，也不回应他的炽热，我只是流着泪，那些泪混在了舌齿之间，像一汪冷水泼醒了苏杭。

他放开我，黝黑的瞳仁泛着清冷的光，他说，"姜桔，我等了你好久好久，你怎么才来见我？"

低不可闻的语气让我的心惆怅得一阵酸涩。我不说话，眼睁睁地看着苏杭眼底的光在我的沉默里一点一点黯淡下去。直到，他已不再需要我的答案。

苏杭，站在你身后的桃旺也等了你好久好久啊，你不知道吧？

我曾看过一段很美的话。对不起，我不能对你微笑，对不起，我不能和你讲话，这是一个种满仙人掌的花房，我拿着一个叫幸福的气球站了好久好久……

苏杭，你就是我手中那个幸福的气球，而桃旺就是那花房里的仙人掌啊。

可你不明白。

一直都不明白。

上有天堂，我有苏杭

高考过后，苏杭去了T市的一所大学。

而桃旺，分数达不到那所大学的录取分数线，她趁自己历史学得好，口才佳，在旅行社找到了一份导游的工作。

她说，"姜桔，我很热爱我的工作，因为我总有机会路过他在的城市，看他一眼。"

我别过脸，很想哭。

隔了那么长的时间，她什么都变了，却独独改变不了当初对苏杭的爱。尽管有时候我觉得她很可恨，可是那些可恨在爱面前，又显得那么微不足道。

深夜里，钟子坚打电话给我。

他说，"姜桔，我有一个秘密，一个命令。你要不要听？不听也得听，秘密是，我喜欢你。命令是，把你刚才听到的话忘掉。"

我突然不知道该如何作答，脑子里有一瞬间空白掉了。

过了好一会儿，我才在电话一端笑了起来，只有眼泪是无声的。我说，"你发邪啊？我怎么会记住一个神经病的话？哈哈哈……"

我在夸张的笑声里，感受着电话彼端钟子坚突然的静默。他知道，我的心里有个位置给了别人，他也知道，那个位置谁也无法替代。

所以，他一句话也没说，留下了长长的沉默，长长的眷顾，长长的叹息。

其实，钟子坚，我也有一个秘密。可是我却无法像你一样，用玩笑的口气讲给你听。

七岁那年，我的头上留下了一块肉红色的大疤。

桃旺载着我，在石板桥的下坡路往下冲时，她冲我大声喊："姜桔，把苏杭送给你的那条手链给我！"

有风呼呼地擦过耳畔，我倔强地护住自己的手腕一口回绝她："不给不给，就是不给！"

桃旺突然拉住车闸，我却由于车子的惯性，一头栽了出去，脑袋磕在石头上。我痛楚地看着桃旺，桃旺跑过来慌张地扯掉我手腕上的手链，然后，蹬着单车跑远了。

十年前的倔强和不肯退让，而今消失殆尽。我偶尔也会庆幸一下，曾经，我为了自己喜欢的那个男孩儿，表现得多么勇敢。只是现在，带着那些还未开口的秘密，一切都已剧终。

也许余生会孤独，会遗憾，可是我不怕，因为苏杭曾经用了满满的爱，满满的宠溺，让我知道了什么是，上有天堂，我有苏杭。

我想，即使天堂里的灯都灭了，我的苏杭也会永远亮在我的心里，永远。

纸飞机下的阳光与他

破衣裳

1

就在这个暑假只差一个月就要结束的时候，我平淡无奇的生活总算有了一丝起色。隔壁袁阿姨家喜欢玩失踪的狗狗大黄，给我叼回了一封信。

袁阿姨一见着大黄，就像心疼亲生儿子般抱着它哼哼个不停，口中声声念着："大黄呀，这个月你可是第三次离家出走了，急死我了呀。有什么心事，你就说呀！"

我嘴角忍不住抽搐，大黄的眼神很委屈，显然依旧没有习惯女主人的热情拥抱。而且据我推算，它这次离家的时间短了些，才三天就跑回家了，显然不是自愿的。

我扬起嘴角笑笑，那么，这封残留了大黄口水的信，说不定是个关键。

可是当我洋洋得意地打开这封黏糊糊的信，试图发现什么天大的秘密时，无比熟悉的字迹却映入眼帘。

袁小胖！竟然是袁小胖！死胖子竟然给我写信了！

我偷偷瞄了一眼依然情绪高涨的阿姨和依旧委屈的大黄，装作若无其事把信件藏在了口袋里，一溜烟儿转了个弯，跑回了房间。

袁小胖的字迹依然飞扬，他说："许巫巫，我回来了，明天九点肯德基不见不散。还有，记得先不要告诉我妈妈！"

我仿佛看见他一本正经地腆着小肚腩，目不转睛地看着我，模样认真得很。于是我情不自禁地唔了一声，然后马上捂住自己的嘴巴。天哪，这死胖子竟然一声不吭地提前回来了！还不告诉他妈妈！真是死性不改！

不知什么时候，大黄终于摆脱了它家女主人的热情怀抱，钻到我家来可怜兮兮地看着我。我看了看这封信，又摸了摸它的头，奖励了它一根火腿肠，"好大黄，我们一起保守这个小秘密！"

大黄乖巧地汪汪了两声，我则皱起了眉头，明天要见袁小胖这件事，怎么就让我这么忐忑呢！

2

说起来我许巫巫向来天不怕地不怕，没道理见一个老朋友就会心情忐忑。可是那个老朋友偏偏是袁小胖，他比我还厚脸皮，我不免有些担心。

就像一年前的那个夏天，阳光暖暖的，百无聊赖的我打了个呵欠，然后戳了戳袁小胖软软的大肚子，紧接着用夸张的大笑打破了午休的平静，"啊呀呀，袁小胖怀孕啦，让我听听几个月……啊呀呀，袁小胖怀孕六个月啦！"

其实袁小胖的人缘很好，全班除了我没有人会嘲笑袁小胖的大肚子。袁小胖一听我又捉弄他就不乐意了，目光直指我手中捏紧的纸飞机，趁我不注意一把抢过去，举着纸飞机一边绕着教室小跑，一边大喊："救命啊，许巫巫谋杀亲夫啦！"

我一下子就急了，还我的纸飞机！还有什么叫谋杀亲夫啊，这下跳到黄河也洗不清了！

我一个箭步站起身堵在袁小胖面前，"死小胖，你瞎说什么啊，谁谋杀亲夫了！"

袁小胖发挥了修炼多年的厚脸皮功夫，"当然是你啊，整天戳我肚子，我都快'肚穿孔'了！这不是谋杀亲夫是什么？"

袁小胖的嬉皮笑脸让我根本无法招架，我只能叉着腰，试图在气势上赢过他，"谁是亲夫，死小胖，你真不要脸！"

我本来以为袁小胖要继续和我大斗个三百回合，没想到他一反常态转攻为守来了个苦肉计，圆溜溜的眼睛还盈着晶莹的泪水，眨巴眨巴地看着我，想要说什么却终究还是没有说出口。

这件事情最后不了了之，那一天之后的所有课我都上得郁郁寡欢，总感觉袁小胖哪里不对劲儿。该吵的架没有吵完，该闹的脾气也没闹完，总有些遗憾似的。

没想到这个遗憾就真的成了很久很久的遗憾。第二天袁小胖没有来上课，班主任站在讲台上轻描淡写地说："袁子恒同学转学了。"

我一下子懵了，转学？怎么可能？若是袁小胖要转学，第一个知道的不应该是我吗？毕竟我是他同学兼邻居啊！

后来我听见班主任淡淡说了句，"各位同学千万要注意身体健康，平时多锻炼，别像袁子恒同学那样……"

我的心顿时凉了半截，袁小胖，他生病了？

同桌戳了戳我的手臂，提醒我别发呆了，老师都开始上课了。

我回过神来，低头看见满满一抽屉的纸飞机，莫名其妙地就伤感起来。

那些纸飞机，都是袁小胖闲来无聊教我折的。可是他不知道，我那么宝贝我的纸飞机，不是因为别的，而是因为摊开这些纸飞机，每一张都是我对他的"喜欢"。

3

其实后来我也找过隔壁的袁阿姨，也就是袁小胖的妈妈，可是问不出什么结果。他妈妈只是说："那浑小子去外地读书了，跟他爸爸混去了，哪记得我呀"。

可我知道，她心里其实不是这样想的，要不怎么会对大黄越发地好，就像对待亲生儿子一样呢？虽然大黄这条不知趣的狗永远也不懂主人的心思，像所有青春期叛逆乖张的孩子一样喜欢离家出走，不让人省心。可不管是对袁小胖还是大黄，她心里都是满满的爱啊。

还好这一次大黄倒是听话了很多，一天下来绕着袁阿姨转个不停，逗得她直乐呵。我则细心打扮了一番，前往目的地同袁小胖见面。

站在肯德基门外张望了好久，一直到约定的时间过去了十分钟，我都没有看到袁小胖那傻乎乎的脸。这死小子，骗我呢？

正当我愤怒地一回头，一张大脸忽然凑了过来，带着意味不明的笑意，吓得我一跺脚，差点儿拔腿就跑。

面前的人果断拉住了我的手，"许巫巫，你跑什么呢？遇见鬼了啊？"

这声音……这声音，明明是袁小胖的啊！

可是……可是……

我尽量平复了心情，咽了咽口水，一本正经地问道："你是袁小胖？你……这一年该不会到韩国整容去了吧？"

一年前的袁小胖肚子圆滚滚，脸蛋也肉嘟嘟，可是一年后的袁小胖怎么就跟变了个人似的呢？长高了不说，现在的身材，哪和胖子有半毛钱关系啊！

袁小胖咧着嘴笑得没心没肺，"整什么容啊，咱这是天生丽质。没听说胖子都是潜力股，减肥之后见真章吗？"

我木讷地点点头，这话不假，估计现在的袁小胖走在路上，都有女孩儿问他要电话号码了吧。

袁小胖很大方地请我吃了一顿肯德基，我豪迈而又忧郁地啃着鸡腿的时候，袁小胖总算忍不住了，"许巫巫，你变得这么能吃，你说，这一年我的肉是不是都长你那儿去了？以后，胖乎乎的我可再也不用保护瘦兮兮的你了……"

我知道他是开玩笑的，可是我就是忍不住生起气来，这股莫名的气从我刚见到他起郁积到现在才爆发，我扔掉手中的鸡腿，"关你什么事！我就爱吃我就爱长胖怎么了？我什么时候要你保护了，我才不会要你保护！你可真不要脸！"

说完我就气哼哼地走了。我知道我的脾气发得有点儿莫名其妙，袁小胖还在发懵，可是那个笨蛋，他根本不知道呀。他不知道他瘦了高了帅了，就再也不是我一个人的袁小胖了；不知道就算他一直胖乎乎的，我也喜欢戳他软软可爱的小肚子。

我忽然害怕起来，袁小胖……他不再是我一个人的小胖了呀。

4

我不知道袁小胖葫芦里卖的什么药，到现在也不肯回家见见他的妈妈，反倒是一个人住外面脏兮兮的宾馆。

大黄最终还是耐不住寂寞，又跑出去玩了，袁阿姨一个人在家无聊，拉着我去寺庙拜菩萨。她有拜菩萨的习惯，每个月至少去寺庙一趟，没有别的人陪着她，逢着我放假就只能找我。

其实一年前，袁阿姨并没有这样的习惯，我想大概是一个人独居久了，便想寻找一种寄托吧。

这一次我真的有点儿同情起她来，一个人守着一条狗，一直在这儿等着什么，却什么也等不到，就连这条狗，也总让她忧心。

于是后来跪在蒲团上的时候，我也禁不住祈求隔壁这个可爱的阿姨能幸福一点儿，祈求她所祈求的东西能成真。却不料刚一起身，一只纸飞机就向我脑门儿径直飞过来，我轻呼一声，怒目看去。

竟然是那不知趣的袁小胖！

袁小胖悄悄把我拉到一边，嬉皮笑脸地轻声问我："许巫巫，你刚刚许的什么愿呢？"

我白了他一眼，总觉得前几天的气还未消，忍不住要和他吹胡子瞪眼。虽然我没有胡子，可是瞪眼我还是很擅长的，"没什么呀，就是求求我和隔壁班班草的姻缘。怎么，你有意见啊？"

袁小胖有气儿发不出来，又不敢大声说话，只能和我比谁更会瞪眼。我索性偏过头不看他，也不知怎的扰动了还在祈福的阿姨，她睁开眼，看着我和袁小胖。

那一瞬间阿姨的脸仿佛变得愈加苍白，她似乎不敢相信袁小胖那个死小子就站在她的面前，保持着祈福的姿势，愣了好半天，直到袁小胖又笑又哭地跪下抱了抱她，喊了一声"妈"。

我忽然觉得很想哭，一向都是嘻嘻哈哈的你我他，其实也不是所有的事情都能笑着说。

阿姨半晌才回神，于是怪他，"子恒，你什么时候回来的，怎么也不事先告诉妈？"

袁小胖笑着说："我先把自己吃胖才敢来见你，我怕你伤心。"

　　这时我才发现，今天的袁小胖相较于前几日我见他的时候，的确是丰腴了一点儿，忽然间便明白了他那些嬉笑背后的良苦用心。他瘦了，别人都该高兴了，唯独妈妈，恐怕是要伤心的。

　　也是直到一年后的今天我才知道所谓的真相。一年前的袁小胖根本不是自愿转学的，他生了很大的病，必须到医疗条件最好的B市治疗。那一年中，他的确是投奔了爸爸，治了整整一年的病。如今回来了，病好了，身子却瘦了。

　　忽然便想起那首歌，王子骑白马，月亮不见啦，还有猫咪总是追着尾巴有多傻，小时候的记忆好无价。

　　孩子们玩耍，双脚全是沙，笑声让我想起童年暑假，那个他，那个他教我折飞机的他，好吗？

　　天知道袁小胖飞向我的纸飞机，让我在这一刻多么想他。

5

　　也不知道是否是我时运不济，自从袁小胖搬回了家，一切节奏都被打乱。

　　大黄再也不离家出走了，整天黏在袁小胖身边，并且视我为敌人，看见我稍微和袁小胖亲近一点儿就开始狂叫。

袁小胖这个没心没肺的也不说些什么，老纵容着他们家大黄。于是在我连续给了他几个左勾拳右勾拳之后，大黄终于忍不住愤怒，跳了过来咬住我的小腿。

我顿时疼得呜呜直叫，眼泪汪汪地看着大黄，明明之前和我关系挺好，怎么袁小胖那个混蛋一回来，就像转了性似的？真是一条没品位的狗。

袁小胖倒是急得不行，"许巫巫，你小腿出血了！我送你去医院！"

我咬牙切齿地白了他一眼，"得了吧袁小胖，我不要你送，你们家大黄肯定是听你讲了我的坏话才这么对我！"

"废什么话呢！许巫巫，你性格还是这么别扭！"袁小胖懒得理我，径直上前想要背我。

我弯着左腿，往后跳了两步，"袁小胖！是你自己说的……我再也不需要你的保护了！你怎么就那么讨厌啊，让你们家大黄咬了我还装好人，你走开！"

我知道自己是发着抖讲完那些话的，大黄那一口咬得真狠，我能清晰地看见它的牙印。我瘸着腿往医院里赶，直到消毒水的气味让我恍然醒悟过来。

医生朝着我摇摇手，"小姑娘，别哭了，快来打针。"

其实打针真的不疼，可是我还是一直哭一直哭。我不知道怎么了，是我不对劲儿，自从袁小胖回来了，我就不对劲儿了。

包扎好回家的时候，袁小胖正焦急地在我家门口徘徊，像一个小老头。我鼻子哼了哼气，打算绕过他。

"许巫巫，你没事吧？"袁小胖的脸色竟然有一点儿疲惫，担忧地问我。

我垂着脑袋，不想理他。

"大黄那条坏狗，我已经教训它了！我妈也狠狠骂了它一顿，罚它三天不准吃饭……"

袁小胖还是那一副无害的模样，明明瘦了，还是如胖时一样憨憨的。我指了指包扎好的伤口给他看，"袁小胖，你别想我这么轻易就原谅你。我们绝交！"

说完这话我就后悔了，可是事情根本容不得我反悔，也没有回转的余地，我索性踏入家门，把大门一关，难受劲儿一下子又涌了上来。

袁小胖还在门口，说了好多好多的话，我一句也听不进去。只知道后来天晚了，我都快要睡着了，袁小胖终于也消失了。

6

我和袁小胖之间僵持了好久，大黄开始对我避而不见，看见我就远远地躲开。

可是这回出门的时候，大黄却挡在了门口。

"臭狗，你走开！"我唬了它两声，可大黄却哼哼了两声，委屈无比的样子，犹豫了好一会儿，又上前两步，来蹭我的腿。

袁小胖就在这时出现了，看了看我，"巫巫，这不是挺好的吗？你别生大黄的气，别生我的气了好吗？"

我哼了一声，顺手把大黄也推开了，可这条不知趣的狗又黏了上来。

"巫巫，大黄不是不喜欢你，它只是以为你要欺负我。你知道的，它之前是一只流浪狗，是我把它带了回来。它只是护主心切，它其实也很自责……

"还有，我知道之前是我不对，于是我想，大黄也咬我一口的话，你会不会比较平衡……可是它死活都不肯咬我，我打它都没用。巫巫，我罚了大黄三天没吃饭，其实我也好几天没吃饭了……你看看，好不容易胖了一点儿的我，现在瘦成什么样子了，你就别生气了好吗？"

"喂，袁小胖！你要不要这么变态……让大黄咬你这种事，亏你也想得出来！还有，别以为只有你才瘦了，比比谁更瘦这事儿我可不会服输！"

我搬来电子秤到袁小胖面前，当着他的面站了上去，"你自己看，我们俩谁瘦得多！"

袁小胖一听这话就笑了，大概是知道我没那么生气了吧，憔悴的脸上多了几分光彩。我也终于感觉轻松起来，这几天，不管是他，还是我，都别扭难受得紧吧。

不然，脸色怎么都成了菜青色呢！

袁小胖一看局势好转，马上笑嘻嘻地拉我到他家，端出一碟鸡腿给我，"许巫巫，我赢不过你，吃鸡腿吧，我妈炸的。"

我斜眼看着他，他是想让我长胖然后输给他呢。

袁小胖看着我，"怎么不吃？我刚尝了，可好吃了，不信我吃给你看！"说着袁小胖就抓起一个鸡腿，三下五除二解决了。我目瞪口呆地看着他，吃得真快！可这还不算什么，紧接着袁小胖又抓起了下一个……

直到整盘鸡腿都快被解决完了，我才挥了挥手，叫了句："喂……袁小胖，吃这么多你不撑啊，最后一个留给我！"

袁小胖笑了笑，打了个饱嗝，忽然从口袋里掏出一个纸飞机，理了理之后对准我飞了过来。我瞪着眼睛看着他，这人怎么这么讨厌呢！

他说："你怎么这么蠢啊，给你扔了好几次纸飞机，你怎么就不打开看看呢？"

我狐疑地看着他，心里莫名紧张起来。

一年前被他带着的那个纸飞机，他也……打开看了吗？

我仍然记得，一年前，袁小胖开始兴致勃勃教我折纸飞机，我们俩还比赛谁能在一分钟之内折得更多。直到后来我有了满满一抽屉的纸飞机，那些折纸飞机的兴致也就慢慢淡了。

可是一年后的今天，我却开始害怕，甚至都不知道自己在怕些什么。

袁小胖看不过眼，嫌我磨蹭，于是夺过纸飞机拆开，摊开在我面前，我一瞬间觉得头晕眼花。

上面写着："虽然回应晚了一年，可是我喜欢你却没有改变。许巫巫，接下来的日子，我们一起长肉吧。"

我大概又不争气地哭了，眼泪矫情得不像话。眼前的袁小胖或许再没人称呼他为小胖，也没有软软的肚子供我玩耍，可是我想，就算他彻底变成了另外一个模样，这世界，也依然有那么一个独属于我的"袁小胖"。

呼叫老郑，请回答

呼叫老郑，请回答

林　文

正上着网，同学群里突然爆出消息："老郑有孩子了！"群里顿时炸开了锅，同学们七嘴八舌地问着详情。界面几乎被刷屏，千篇一律地问着同一个问题：什么时候的事啊？男孩儿还是女孩儿？

爆料人好心地提供情报，一个月前，郑嫂生了个男孩儿。

郑嫂是老郑的老婆，老郑，是我们高中的班主任。

实在没想到当年那个"痴愣傻呆"的老郑如今都要当爹了。我不由得暗笑，那个傻大个子哪里会当爸爸！

1

老郑本名郑坤，是我们的数学老师兼班主任。他为人爽朗，不喜欢学生叫他郑老师，大家便亲切地称呼他为老郑。

初闻老郑大名，还是在高一的某次升旗仪式上。学校有个规定，要求每个星期一，都要由高一的一个班级来主持升旗，升旗手和主持人都要从那个班级里选。此外，还要准备相关节目。

不约而同地，所有班级对于升旗后的节目都选了最简单而不易出错的演讲。因为，学校要求升旗节目必须庄重而简单，既不能跳脱滑稽，也不能太过冗长，估计是怕下面听的同学心生烦躁。

这样，升旗后的演讲成了一种惯例。几乎每个班都是如此，这种格局直到轮到老郑带的二十班升旗时才被打破。

周一升旗，我们照例还是极不情愿地下楼去站队，一排排整齐地面对着光秃秃的旗杆站着。身着校服的升旗手、护旗手已经就位，主持人也穿着艳丽的红裙子拿着话筒站在台上。

音乐声起，国旗慢慢升起。空中无风。

雷人的一幕出现了，老郑不知从哪里搬来一台电扇，插上了电对着垂着的国旗猛吹。国旗瞬时飘扬起来，台下立时响起一阵欢呼。人声吵嚷中，我看到老郑傻笑着的脸。

国旗升到一定高度的时候，风扇的风力已经影响不到它了，它很快又垂了下来。不过，片刻后，不知哪里吹来了一阵风，国旗重又迎风飘扬。

主持人念完校规后宣布节目开始。两个男生和一个女生走上台，大家感到奇怪，演讲不是一个人的吗？怎么三个人一块上来了？

两个男生向大家问好，一个说中文，一个说英文。那个女生没说话，双手翻飞做出一连串的动作，原来她在打手语。

大家惊叹，谁想出来的点子，这么有创意。中、英双语加手语，把全球百分之八十的人口都照顾到了，真是够可以的。

男生的英语略带口音，时不时还出点儿小错，每次出错都会引得台下一阵笑声。女生的手语我们大多看不懂，但见她神情自若，手臂灵活地做着流畅的动作，想来，也是精通手语的。

我们在台下看得兴致盎然，一旁观礼的领导却几乎要气炸了肺。有人偷偷地看了看主任，果然，面呈猪肝色，脖子涨红，气得浑身颤抖。

事后，有小道消息传来，主任训了老郑一个上午，还责令他写检讨。

2

自升旗事件后，老郑的名声在我们高一新生中流传开来。高二高三的学长们也不时地掺上一脚，向我们传播各种关于老郑的英雄事迹。比如，他在广播操比赛的时候会要求全班的女生穿上超短裙，而男生则要以礼服搭配。又比如，他公然将办公室空着的书架抬到自己的班上，供同学们放闲置的书。种种传闻听得我们这帮新生不由得心生向往，纷纷许愿转到二十班，成为老郑的学生。

只是没想到，不过才一年的工夫，这个愿望就成了现实。高二分班，老郑成了我们新组合的七班的班主任，自然也是我的老师了。

事隔半年多再见到老郑，多少有些陌生了。近距离看他，观察得更为细致。老郑人高马大，估计身高得有一米九，体重突破二百斤。离远点儿观赏，活像个狒狒。果不其然，一月后的全校体测，证实了我们的猜想。

雄壮的老郑那年才二十七，说老算不上，说年轻又比我们大上十多岁。老郑自作主张地让我们叫他哥，我们看他好欺负，当他面叫他郑哥，背地里一口一个"老郑"。后来，被他知道了，他也不恼，反倒是爽快地答应，说这么叫显得亲切。于是我们再也不用背着他了，除了上课时间，其余时间遇到他都是叫一声老郑打招呼。

我们这么欺负老郑，对郑嫂可尊敬多了。第一次见郑嫂是在老郑的办公室里，晚自习的时候，我进去送当天的练习。办公室的老师大多都走了，我把练习簿放在老郑的桌子上，一回头便看到门边的电脑旁坐着一个女人，身形和老郑极其相似。

回了教室我把这事告诉了同桌，也就是我们的班长。班长不以为意，"那是老郑的老婆，我们管她叫郑嫂的。"班长家和老郑家在同一个小区，他这么说，不会有错。

果然，下了晚自习，老郑拥着那个女人走到教室门口，早有几个男生在打趣他。老郑嘿嘿傻笑，指着那个女人，道："这是你们嫂子！"

郑嫂有些不好意思，捏了老郑一下，老郑嗷的一声，痛得直跳脚。我们看着他，哈哈大笑。

老郑从来不吝惜在我们面前炫耀郑嫂，一会儿说她皮肤好，一会儿说她厨艺高，一会儿又说他们大学那会儿多浪漫。总之，一提到郑嫂，老郑一定会口若悬河。

鉴于他无数次地炫耀郑嫂的厨艺，我们提出要去他家吃饭。老郑爽快地答应，说待会儿去买点儿菜，带我们回家吃大餐。

当天下午五点半，我们跟着老郑回家，一行六人，五个女孩子，一路上嘻嘻哈哈的。老郑在前面骑着车带路，看着身后的我们，不由得感慨道："都说桃李满天下，我这也算是桃李都发了芽了，能教出你们这群孩子，我也知足了。"

我笑着打趣道，"老郑你突然的煽情让我们措手不及啊，你想要桃李还不简单。你和郑嫂努努力，给我们生个小师弟小师妹什么的不就行了。到时候，别说桃李满天下，估计，子孙都要满堂了。"

我满以为这话会逗得大家捧腹一番，没想到，身旁的四个女生连带老郑都沉默了。老郑讪讪地笑笑，忽然又大声道："那个不着急，我得先管好你们这些学生。"

心中有些生疑，但我识趣地没有多问，顺着老郑的话头，开始询问他郑嫂的厨艺。果然，老郑又开始喋喋不休起来。

当天的饭吃得很开心，郑嫂的厨艺果然不是吹的，做出的饭让我们这帮好久不见荤腥的吃货过足了嘴瘾。更令我们惊奇的是，老郑竟然也围上了围裙，在厨房里忙碌，一会儿洗菜，一会儿放调料，十足一个家庭"煮夫"。

只是，我心中一直有一个萦绕未去的疑问。为什么提到孩子，老郑就沉默了？

这件事，还是和老郑住得近的班长给了我答案。他说，老郑结婚已经有五年了，可是迟迟没有孩子。他说，不是老郑不想生，而是郑嫂生不出来。郑嫂不知道什么原因，五年来都没怀上孩子。老郑带着她，奔走于各个城市各个医院，钱花了不少，药买了不少，可是总是不见效。

我终于明白老郑的沉默了，那是一种无奈，面对现实中不幸境遇的无奈。班长还告诉我，郑嫂结婚时身材好得很，现在都是乱吃药弄的。

知道了事情真相，我对老郑不由得升起一份尊重，这个男人在妻子最美好的年华里追求她，许下不离不弃的承诺后，也同样在困难的境遇里抓住了妻子的手，和她共渡难关。

当天夜里，我对着窗外许愿：如果上天也有心，请让老郑维持幸福。有孩子与否，不构成维持幸福的必要条件。

3

老郑喜欢开班会，不止是喜欢，简直是热衷于这件事。每个周末的晚自习最后一节课，他都用来开班会。两年来，他一次都没取消过。

老郑开班会有着固定的程序，第一是唱班歌，第二是班干部讲话，第三才是他讲话。每次班会都要走这么一个流程，不允许出错。

关于班歌，老郑表现得十分执拗，他不顾大家的吐槽坚持要用杨培安的《我相信》。后来，班长透露，这是老郑的空间音乐。杨培安高亢嘹亮的嗓音完全没法在齐唱中表现出来，老郑却坚持说我们不认真学，所以才唱不好。

于是，每次班会，他都抱着自己的电脑过来，当众播放这首歌。

唱歌不算，老郑还要求我们喊口号，什么我相信，我能行，我努力，我自信。每次唱完歌，他都让我们嘶吼着喊他编的口号，声势浩大，声震全楼。

某次，在我们开完班会后，回寝室的路上，遇到隔壁班的熟人。她嘿嘿笑着，拉着我们问："你们集体抽风了！大晚上的，叫嚷什么呢？"

我们只有捂着脸狂奔。

老郑除了喜欢开班会，还喜欢带着我们出去玩。在月考过后，特别是我们考得不好的时候，他都喜欢带着全班一起去校外走走，美其名曰春游。

别的班考试失利，班主任都会在讲台上气得跳脚，大声训斥全班。而老郑却嘻嘻哈哈地带着我们偷溜出去，跑到校外疯狂打闹。

高三最后一次出行，老郑带我们去了学校附近的小山上。事前，他发了通知，要求我们以寝室为单位，每个寝室出一个节目。

我代表我们寝室要表演一个魔术，魔术中需要托儿。我选了老郑当托儿，将要变走的硬币藏在他手里，要他等会儿藏起来。魔术进行得很顺利，现场的同学竟然没有一个发现破绽。

就在魔术要结束的时候，眼尖的班长忽然大叫，"硬币在老郑那儿，在他兜里，我看见他放进去的！"

我一回头，老郑装傻，"不在我这儿啊！"还高举了双手示意，果然两手空空。班长哪里肯相信，冲上来就摸老郑的上衣口袋，果然从中摸出一枚硬币。

我无奈地看着老郑，这人真是傻得够呛。这么简单的事都做不好，唉，我用人不当啊！

老郑这次也想了很多的游戏来玩，什么三人四脚，什么你比我猜。虽然俗套，大家倒是玩得开心得很。老郑拿着相机不停地抓拍，直到相机内存满了，他才罢手。

在高三最后的日子里，老郑最常做的就是整天拿着相机来拍我们。拍我们课桌上的书，拍我们吃饭的样子，拍我们安静地上自习，拍我们做了一半的试题。他每天没完没了地穿梭在教室里外，走过我们的桌前，抑或是安静地站在我们的身后。

照片有五百多张，日后每每在他的空间相册中看到的时候，我都不禁一阵感伤。五百多张相片记录着曾经的岁月，只是，里面唯独看不到老郑。

高考的三天大概是老郑最难熬的时候了。在三年的日子里，他尽最大努力付出了所有。而在最关键的时候，他已经束手无策了。只能看着我们进出考场，在我们吃饭的时候，来回奔跑为我们每人盛一碗汤。

老郑硕大的身躯在食堂窄小的通道里挤着往前走，模样要多好笑就有多好笑。可是我们没有一个人笑，尽管我们被考试折磨得浑身提不起劲儿，但是我们还是忍不住抬头去看老郑，看他壮硕的身子，看他憨憨的笑容。

电影《青春派》上映的时候，我和朋友一起去看。在电影的结尾，主人公居然在拍毕业照的时候，面对着全班同学和一众老师说："老师，我们恨你，但，我们也爱你。"我同样在心中默念着："老郑，我们爱你，一直都是。"

4

群里有人开始找老郑了，用的还是当初那句话。

"老郑冒泡，呼叫老郑，请回答！我们要去你家蹭饭，我们要吃你儿子他妈妈做的饭！"

"呼叫老郑，请回答！"

离开忧伤的海洋

寒 舟

1

那一个晚上，我又见到了梦幻的深蓝色。

缤纷的海底世界，在玻璃隔层后显得无比真切，海洋里的生物就像在头顶游走。班上同学都惊喜地叹着这个地方的美妙，我却一个人躲在阴暗的石头后不敢出来。

"星纪，你在这里做什么？"一只柔软的手突然拍着我的肩膀，我怯怯地回过头，看见颜欢站在身后，笑眯眯地问我："你怎么不出去看鱼？"

看鱼。听见这两个字就像听见了什么吓人的鬼故事，我敏感地捂上耳朵，匆匆逃到了任何人都看不见的地方。

我本来就很不愿意参加学校组织去海洋馆的活动，没有理由再看那些奇奇怪怪游来游去的东西。我左手交叉着握住右手，紧张地背向一块玻璃蹲了下来，只是那玻璃却被什么东西"咚咚"敲响。

一时惊慌回过头的我，看见了深蓝色海水里，一个笑得灿烂的长着鱼尾巴的小孩子。

尽管很可爱，但对恐惧鱼类的我而言，还是难以抑制地大叫起来。

"啊——"

带着未干的汗迹从被窝里弹起身子，墙上的挂钟指针转过数字七，我发现之前的海洋馆消失不见，自己仍躺在床上，窗帘缝隙处透过一丝光线。

"星纪，又做了什么奇怪的梦？"推门而进的少年睡眼惺忪，打了个哈欠，一脸倦态。我随手抓过枕头丢到他的脸上，夸张地叫着："不许你不敲门进来！"习惯睡觉只穿小背心的我，在那一刻感到很窘迫。

稍稍发育了的女孩子会明白那种害怕被男孩子窥察到自己身体变化的心情。即使对方是从小抱着自己睡过的亲哥哥。

优夏勾起嘴角，懒懒地笑了一下，揉着眼睛走出了我的房间。

一家四口的早餐真难得。爸爸去国外的那段时间，妈妈没日没夜地加班，优夏开始谈恋爱，我们总是很少在这样一个清新的早晨聚在一起。

春天的风带着暖意，可是吹得我瑟瑟发抖。

妈妈一边吃面包一边看文件，爸爸手机上的短信铃声不断传来。优夏看着我别扭抓着筷子的左手，皱起眉头问："已经不冷了，为什么右手还戴着手套？"他凑过来抓我的右手，我躲开他，饭都没有吃完就提着书包往外走，只说了一句："不要管。"

也许我逐渐变成了一个冷漠的小孩儿，灰色不知从什么时候起成了我眼里的主色彩。

2

分班是大多数学生不愿面对的事情，但是我却觉得很需要这样做，我一直在逃离过去眷恋的人和事情，从我觉得自己再也无法带给他们快乐与荣耀的那一天起。

所以，中午颜欢来找我吃饭的时候我都借口推脱。有时候会不经意间听见女孩们讨论，说哪个班的谁谁谁好厉害，或者谁谁谁有怎样的特长，如果可以和那样的人在一起学习一定会很有动力。

那种同性间的青睐与崇拜，或者异性间的好感与欣赏，统统与我无关。

因为不知从什么时候起，我发现自己的右手开始长出亮晶晶的鱼鳞，一开始的时候觉得那很漂亮，很神奇，但是久了才发现，它像噩梦一样让一些珍贵的东西逐渐离开了我。

　　回到家时，空荡荡的客厅里一如既往地没有亲人，我有些失落，耷拉着头往房间走，一开房门却差点儿吓到。

　　不知是怎样的巧合，今天所有人都在，爸爸、妈妈、哥哥，还有我的朋友颜欢，他们都像是一早就来到了我的房间等我，给了我一个措手不及的惊喜。

　　"星纪，十六岁了，要长大一点儿哦！"优夏走过来捏我的鼻子，他也才成年不久，却总说得自己有多老成而我有多小屁孩儿。

　　满屋的彩带与蜡烛让我想起这一天是我的生日。我并不是不觉得开心，只是一年里好像只有这么一天所有人都在爱我。

　　爸爸妈妈果然是抽空回来的，给了我一些零花钱，还有一个生涩的拥抱，说："爸妈很忙，不能陪你，不过，这个送给你。"

　　接着颜欢和优夏一起捧着个大大的玻璃缸递到我眼前，里面一条红鳍的金鱼正划着水波悠闲地游着。

　　好像那一刻并没有说出讨厌鱼这种东西的决心，每一个人真切的笑容让我觉得这又是我漫长夏夜里做的一个奇怪的梦，可是不管怎样，我贪恋这种温暖。

　　于是我伸过手抱住鱼缸，同时颜欢对我说："你不知道吧，其实你是人鱼公主哦。"她顺便握了握我的右手，那里有我连她都没有告诉过的秘密。

但一瞬间，我的眼眶有些湿。

3

虽然又是一个人在家的夜晚，但是现在有了金鱼的陪伴。

我开始尝试着去观察它，它并没有想象中那么可怕，大大的眼睛，鼓着泡泡的嘴，摆着尾巴朝我贴在鱼缸上的脸游来。忽然，砰的一下，它变成了一缕轻烟。

我吓得又一次惊叫，那烟后却出现了个稚气的少年。

"真是真是，星纪你总是一惊一乍的，我叫小童，请多关照！"

少年有着鱼尾巴，甩得地板上满是水珠。从脸蛋来看只是个很普通的小孩子，听他的语气又觉得很古灵精怪。

"小童是谁？不要告诉我你是妖怪。"我哆哆嗦嗦地指着他道，其实心底的畏惧已因为他可爱的长相淡了许多。

小童眨巴着眼睛，呵呵笑着："我是你的同伴啊。"

"骗我的吧，我是人欸。"我不甘地辩驳，却又想起了自己手上的鱼鳞。

小童坐在我的靠椅上不安分地扭动着，摇摇头，"我说的同伴，意思是来陪你玩的伴。"

"欸？"我还是十分不解，小童突然弹到我面前，阳光灿烂地笑着，"是爱你的人雇我来的哦。"他的脸，和我梦中见到的小孩子一模一样。

也许那就是小童来到我身边的预兆。亲人在忽略我的同时依然在意着我，我的孤单，我的脆弱。想到这里，我想起了睡梦中抚摸我眼睑的哥哥，不禁欣然一笑，也许爱从未逝去，是自身的敏感让我变成刺猬，将自己深深包裹。

小童就这么走进了我的生活，他总是在我身边没有一个人的时候出来陪我，其他时候就独自在水里静静地睡觉。

我右手上的鱼鳞闪闪发光，只有在孤寂的夜里才敢一个人窥看。白天的时候害怕被别人看见，让人觉得恶心。

"星纪，我们出去了，记得给鱼喂食。"自从优夏回到大学寄宿，爸爸妈妈一起离开的早晨，我都会在窗口与他们挥手告别。

我抱着鱼缸对他们说："知道！我很喜欢跟这条鱼玩！"以前从来不会说这些话的我渐渐习惯给他们一个放心的交代，也是实话，小童在的时候令我很开心。

他会在水里对我抬起头，说："星纪，看我给你表演游泳！"说着就在水里转起圈来，嘴里还叫着："哗哩哗哩游啊游……"看着他那么畅快地享受着水的包围，我忍俊不禁，好像忘记了那些一直忌惮的东西。

4

但是，心结未曾真正解开过。

夏季来临后，学校运动会开展了游泳项目。老师同学们一讨论起比赛就变得兴致勃勃，什么"一定要赢哪个哪个班"，什么"我们德智体全优的学生大有人在"之类的话总是说得信心十足，好像被赋予期望的人一定会实现每个人的期待。

没有人察觉默默离开教室的我，站在走廊上，我望着还未注水的干燥泳池发起了呆。

"星纪，你还是不想试吗？"颜欢总在寂寞的时候靠近，她一走过来，我的眼眶就被风吹红了。

我其实并不想哭，但是每每提到运动会之类的话题，再想起不愿意放下过去的自己就觉得很无奈。那一年，那一年如果赢了那一场比赛，生活是不是会有所改变呢？

"请你吃巧克力。"颜欢见我不回答，不再提那件事，把掰开的巧克力递到我手里。她美好的笑容从未从我心底淡去，即使再阴暗的日子也一直有她给予的勇气做支撑。

"小时候我们最喜欢交换东西吃了。"我舔着唇边的甜味对她说，仿佛时间过了多年，一切又回到了原点。

"嗯，小时候的你很大姐大喔，总是带领着大家寻找幸福的方式和胜利的途径。"颜欢拍拍我肩膀，眼神在某一刻变得很真诚，"我们跟着你没有输过哦，从来，没有。"

我一愣，积在眼眶里的一滴泪终于忍不住滚落，烫得我立马低下了头。

5

似乎从很小的时候起，爸爸妈妈就开始忙碌。哥哥一直是全托在老师家里，我则被送到县城外公家度过童年。

颜欢是那个时候外公邻居家的小孩子，她总是来找我玩。然后有一天我们结交了更多的孩子，大家觉得小河的水很浅，想下去玩。

不会游泳的我们，在浅河里依旧玩得很自在，我喜欢抓小螃蟹逗大家笑，阳光照耀下的我们当时真的很快乐。

但是，一个小孩儿因为想要抓鱼而扑进水里被河水带走了，我眼睁睁地看着他在水里挣扎，却没有一丝力气帮助什么。那种无奈与自责感生生将我吞噬。

后来我和颜欢一起进了城市读书，我从那时起对水怕得不行，可是体育老师却说我的身体是女孩子中少见的适合游泳的肌体，如果多加训练也许可以进国家队。

颜欢成绩不好，家人也希望她通过加入游泳队提分。当时，她早就忘记了小时候的灾难，跑过来劝我一起加入。而我怎么忘得了水的可怕，一直到六年级都在拒绝。

直到有一天，手背上长出了鱼鳞一样奇怪的东西，一开始认为那会不会是上天的指示，只要我学会了游泳说不定会如鱼得水。于是我告诉颜欢我决定一试，她鼓励我说："如果你害怕水，就更要学会打败它，不然它就会淹没你！"

嗯，那句话给了我很大的力量，我真的开始尝试学习游泳。果然，我学得毫不费力。

那时候，妈妈每天都会忙里偷闲去接我下课，只为见到教练时听到对我的特别嘉奖。我也真的好开心自己拥有的成绩与肯定，一直都在苦苦训练，终于成了游泳队队长。

可是，初三最重要的一次游泳比赛却败在了我的手里。

那一次，我们团队明明可以赢，我却由于紧张，在水底转身时仿佛看见了小时候被冲走的男孩儿，他变成了一条吃人的鱼，朝我张开血盆大口，质问我当时为什么不救他。

一瞬间的慌神使水流冲进了我的胸腔，我直接在水底抽了筋，远远落后于别人了。

没有了名次，也就没有了进入重点高中的机会。妈妈脸上的笑容似乎是从那时起消失的，爸爸对我的问候也终止于学业方面。偶尔，优夏会责备似的说："当时怎么搞的呢。"可惜的是，我并没有听到他接下来的一句"没关系，一次失败而已"。

我听见的就只有冷漠的声音，所有荣光离我远去，而右手的鱼鳞越来越多。有一阵子，我甚至得了自闭症。

6

"游泳比赛？为什么不参加！星纪，你不知道你是人鱼公主吗？"小童这个人小鬼大的家伙，此刻摆着湿漉漉的鱼尾坐在我的床上，说着与颜欢一样的话。

我开始有些后悔把我的故事说给他听，他应该听不懂什么吧。

但是他却一副"我懂你"的表情，抱着手说："不要因为一次失误而放弃嘛，说不定从来没有人怪过你呢。"他一边说一边咂吧咂吧啃着鱼食。

某个瞬间，我会觉得他很面熟。哦，也是，他总在我的梦里出现。

开门声响起的时候，小童一个弹跳往鱼缸蹦去，却没瞄准，掉到了外面，我嫌弃地把它拎到缸子里："又不是你仇人来了，用得着吗。"

他却在水里对我说："嘘——我不喜欢占用我雇主和你相处的时间啦。"说着他滴溜溜地转了圈眼睛。我问："不是说金鱼的记忆只有七秒吗？你会不会忘掉你听到的事？"

"我有说过我是金鱼吗，我是人鱼王子！"小童傲娇地叫了一声，音量渐渐落下去了。优夏又没有敲门，倚在门口冲我打招呼："老妹，哥回来看你了。"然后"哇"的一声，看着我的床问："你在床单上泼了什么？"那湿漉漉的一片痕迹是小童的杰作。

我一耸肩，表示我也无奈。

"等下自己洗掉啦，哥哥要出去约会。"他手里拿着老爸的新西装，我就知道，这家伙哪会好心特意回来看我。

可是，我们要知道的是，每个人长大后都会有自己的使命与追求，即使是亲人也不可能一直陪伴在身边，当他能把一个现实说成不伤害你的理由时，证明他还在意你。这种爱，不会随时间消失。

年轻的时候，因为不想失去曾经拥有的东西而将其一直紧紧握在手里，片刻离开就无所适从，对别人的依赖容易造成自己的敏感。如果我早些相信所有曾经在某一时刻责怪过我的人都已经开始重新期待我的成长，忧伤是不是不会来临？

"路上小心。"我对着优夏甜甜一笑，他叹着"好稀奇啊，很久没见老妹笑得这么阳光了"之类的话走开了。

7

校运会如期到来，游泳池旁的看台上坐满了家长和学生。

颜欢来找我时，我已换上了泳衣。这不是什么重要的比赛，不会一锤定音让我有多么多么好的未来，过去的我以为初三时的那场比赛赢了就能获得一切，输了生活就会改变。

然而事实是什么都没有改变，只是我自己将成败看得太重。而现在的我深切地明白，此刻我站在这里只是为了证明我敢于面对过去，面对那时因为一点儿小慌乱而一直停步不前的自己。

每一个人都会犯错，那种被戴着有色眼镜看待的目光不可避免，可是不能因此逃避一辈子。

就像曾经畏惧的水和鱼，在某一天醒来时发现变成了日常接触与寂寞交心的东西，这是换一个角度与一种心情去思考的结果。

"星纪，你好棒。"颜欢站在我身边，对我说完这句话后，裁判的口哨声就吹响了，她吸了一口气跳入水池中。

我微微一笑，也紧跟着她奋力前游。

所有的嘈杂与议论都消失在耳边，来自水底深处的声音擦过我的耳膜。我相信自己会是人鱼公主，对水天生有着喜爱，不应该失去信心。

池底转身时，我的脚用力蹬了一下瓷砖墙壁，虽然脑海里挥之不去的场景又一次不可避免地出现在眼前，但是这一次我勇敢地看着它，画面中出现的竟是小童的脸。

他摆着鱼尾游到我的身边，抓着我的手鼓励我前进。

我这才发现记忆中被水冲走的男孩儿，与小童的脸重叠在了一起。他一边游一边在笑，鼓着泡泡还能说话："小时候我变成鱼被河水带走的事，并不是你的错。我从来不怪任何人，可是星纪你太善良，一直把过错归结在自己身上，其实没必要那么在意的。"

周围的景物和声音顷刻间离我远去，时间静止，黑暗的水底只有头顶透过了一束太阳的光。

小童突然落在我面前，握紧我的右手，说："即使只有悲惨的结果，但是我从没忘记过小时候与大家在一起的快乐。害怕你失去曾经的天真与执着，所以我来看你了。

"星纪，敞开心扉，继续纯真地看待这世界，乃至命运的不公，然后把失去的变成动力，执着于将没有做到的事情弥补。无论是小时候看着我被流水带走，还是初三时因为失误拖累了其他人的梦想，永远，永远不要因为几次失败而退缩，哪怕被人误会和嘲讽，也不要自己放弃自己。"

说完那些话的小童，在水底转了一圈，再也看不见了。

　　而我的泪水已随着水流飘走，我仍不断往前。触摸到终点时，我抬起头，惊奇地发现其他人还远远地在我身后。下一个从水里出来的是颜欢，她扑上来拥着我，说："你果然没有输！"

　　站在领奖台上的时候，我在观众席看见爸爸、妈妈，还有优夏抬起的头，妈妈依旧没有笑脸，爸爸依旧一脸严肃，只有优夏冲我扬了下手。

　　可是，我已经知道，随着时间的推移，小时候获得一点儿成果而被家长肯定的时光不复存在，他们不再随意表扬我们并不是因为我们做得不好，而是改变了方式，让我们明白长大是一个有些痛苦的过程，但他们被表情遮盖住的藏于心底的爱，一直都在。

　　家里没有一人缺席，这就是最好的证明。

　　发表获奖感言时，我吸着鼻子久久说不出话，其实心里有太多感想，但到最后只握着话筒说："我们不要失去曾经信赖的人和能力，我们要做到的只是肯定自己。"

　　场上爆发出雷鸣般的掌声，我从容地看了看自己高举奖杯的右手，一片洁净，也许那上面，从来就没有什么。只是直到那一刻，我才释怀。

再见了，酱油神

汐小空

我是你打来的酱油

"到汉堡的短暂旅行结束啦，德国北部城市说起来和南部差别还是蛮大的，比起南部的精致小巧，北部更像是一块冒着蒸汽的大砖头，不过我只是来打个酱油而已啦，反正以后大约也没什么机会再来了。"

我按下"发布"键，等几张照片上传到了我的微博，我才看了看时间。

按照车票上的时间，还有三分钟火车就应该从这个站台出发了，可是为什么到现在还没有半点儿火车的影子？

隐约感觉到哪里不对，我看着已经空无一人的站台，这才意识到也许发生了最可怕的事情——火车换站台了而我却不知道！

我抬头看看头顶标注着12号站台的滚动屏，完全没有显示任何关于列车的信息。汉堡偌大的火车站人来人往，一片嘈杂之中，我听到火车站广播的声音："乘坐IC2327开往法兰克福火车的乘客请前往11b站台，火车还有三分钟开动……"

等等！11站台就在身后，但是11b是什么情况？

我这才意识到汉堡不愧是德国北部第一大城市，连火车站都已经大到了一个站台要分a和b，从a到b还得过个桥洞的现实。

一手提着刚刚从亚洲超市采购来的佐料，我向着11b的方向拔腿狂奔。白色的涂着IC字样的列车逐渐出现在视线中并缓缓放大，我心底升起了希望的光芒，然而穿着高筒靴子的我突然感到一阵无法抵挡的腿软无力。

马上就可以上车了，不可以在这个时候摔倒！

然而这个念头刚起，我就已经整个人匍匐在了地面上了。随我的身躯一起与地面亲密接触的是手中的采购袋。我挣扎着准备起身继续狂奔，然而刚刚撑起上半身，就绝望地重新倒了下去。

距离我不足十米的地方，列车门缓缓关闭，白色的IC2327次列车绝尘而去，变成了铁轨尽头的光点。

"喂喂，快起来，你的酱油碎了。"一个带着不满的声音在我耳边响起，我甚至还感到自己瘫倒在地上的身体被踢了两下。

一股恶火顿时从我的心头燃起，看到我摔的这么惨不但不来嘘寒问暖，反而态度这么恶劣！

我咬牙从地上爬起，果然看到我在亚超买的酱油已经被打碎了，深黑色的酱汁流了一地。幸好下一波乘客还没来，不然不知道还会殃及多少其他人。

可是踢我的家伙是谁？

我猛地转过头去，却发现了让我瞠目结舌的一幕。

我的身后……站着一个比我还高的酱油瓶！

大概是我太惊悚的表情吓住了它，酱油瓶原地转了两圈，猛地变成了一个纤细的黑发黑衣的美少年。

"救、救命……！"我拔腿就准备跑，然而方才的腿软还没恢复，我还没迈开步子就被少年一把拉住。

"宋晴竹你好，我是你打来的酱油尧意。"少年翘着下巴皱着眉头看着我。

"我管你是什么东西，快放开我！"我猛地甩开他的手。

"是你自己打到我的。"少年低头看了看淌了一地的酱油，皱了皱眉，又摇身变回了玻璃酱油瓶，地面上的黑色液体逐渐消失，与此同时，巨大酱油瓶里原本装了三分之二的液体又升高了一点儿。

不知道为什么，那一刻我的想法竟然是，是不是我这辈子都不用再去买酱油了。

可是难道这个莫名其妙的家伙就要这样跟着我了吗？我一脸无奈地看着亦步亦趋跟在我身后的少年，深深地叹了口气。

两个小人的厮杀

"你的心里有两个小人。"尧意坐在我的对面，对我指手画脚，"一个是一息尚存的勤奋小人，一个是全天候都不疲惫的懒惰酱油小人，也就是我。宋晴竹，你现在要做的就是让勤奋小人赶快活过来，让我早点儿回家。"

经过一个星期的相处，我早已习惯了尧意的碎碎念。只是他对我的情绪和现状太过了如指掌，而当他把这一切都直接说出来的时候，还是让我忍不住感到烦躁。

"还有不到半年你的语言签证就要过期了，这次可没有和上一次一样的延长学期的理由了。"尧意翻了个白眼，他的瞳色和发色都极黑，所以每次他翻白眼的时候都会特别明显，"不过反正你出国本来也是觉得自己是来打酱油的，所以再灰溜溜地回国也没有关系。"

"……你闭嘴。"我忍无可忍地打断了他。

"最重要的是，如果再不通过DSH考试（德国高校外国申请者入学德语考试。考试评分系统为5分制。1.0为满分。4.0为及格。）的话，你就算拿到了大学入学资格，也会因为语言等级达不到而被拒绝呢。"尧意随手拿起我的咖啡杯，浅酌了一口，"倒是你泡咖啡的水平渐长，出了一趟国也算是有收获。"

我终于忍无可忍，"尧意你能不能不要专门揭别人的短处！稍微顾及一点儿我的心情好吗！"

尧意丝毫不为我所动，黑白对比分明的大眼睛又是一个懒洋洋的白眼向我头上砸来，"我就是你的心情，我自己都不介意，你又何必这么生气？"

我终于被他打败，自暴自弃地跺了跺脚，"所以我就是来打酱油的又怎么样！"

"哎呀哎呀！"尧意一个妩媚的转身，摇身化作硕大酱油瓶，我眼睁睁地看着酱油瓶里面的酱油又稍微升上去了一点，然后他又变了回来，稍微气喘吁吁地坐在椅子上，神色带了焦躁，"瓶子马上就要满了！"

这是我第一次看到一脸欠揍的他露出这样的表情，不由得带了一丝无措，"满了会怎么样？"

"满了以后你的勤奋小人就会彻底死亡，再也没有复活的可能性。"尧意的表情严肃起来，"你的思想和身体将会被由我带来的惰性占满，一蹶不振。"

我撇撇嘴，"危言耸听。那反过来如果你的瓶子空了，你岂不是也会彻底死亡？"

尧意竖起一根手指摆了摆："那倒是不会，人类的可怕就在这里，惰性是与生俱来并永远深埋在每个人的心底的，人类穷其一生都在与其搏斗。大部分人的酱油瓶与勤奋小人都是持平的，少数成功人士和极其有自制力上进心的人会将酱油保持在四分之一到五分之一的地步，而你……你自己也看到了。"

"……你是想说我是loser吧？"我的声音低了下去。

尧意叹了口气："小竹，你还记得曾经的自己吗？曾经排名也在年级前列的你，那个时候的我可是只有四分之一啊。为什么出国以后你就变了这么多呢？小竹……你到底是为什么出国呢？"

我整个人都顿住了，是啊，为什么出国以后我就变了这么多呢。

稍微减少的酱油

创立于14世纪的海德堡大学还弥留着中欧气息，我跨进教室大门的时候，连教授都略微侧头看了我一眼——没错，以逃课出名的吊车尾学生宋晴竹，今天出乎意料地来参加小考了。

试卷发下来，才五分钟我就开始头痛了。密密麻麻的德文，在我前几日的恶补中，竟然一个都没幸运地被瞧见。

考试时间到后，我叹了一口气把试卷交上去了。教授阿德莱德拿着我的试卷看了几眼，随即抬头和我说："宋晴竹，如果你愿意每天都来上课的话，我相信你的德文会在不久后达到交流没问题的水平。"

"是的，教授，我愿意像你所说的那样做。"我对教授点点头。

走出教室后，我立刻胡乱地抓起了头发，我居然对教授夸下海口！吊车尾宋晴竹怎么可能一下子就变成成绩名列前茅的优等生？

正在反悔刚刚言语措辞的我，根本没瞧见从背后飞来的硕大酱油瓶："小竹今天小考完了，要不要吃点什么奖励一下自己？爱心芝士披萨还是美味的蛋挞？"

"我要吃中式快餐！"我顺势答道，回答完后才发现不对劲。

转身的片刻，尧意已经从酱油瓶变成了俊美少年，可是用眼角就能瞥见的酱油高度——根本一丁点儿都没有下降！

顿时我内心越来越窝火，一屁股坐在学校的长椅上："尧意，你说我临时抱佛脚能行得通吗？"

"临时抱佛脚当然不行，"尧意坐下来，纤长的手指放在长椅上，深邃的眸子看着我，"可我愿意相信，小竹在这两个月会以突飞猛进的进度向补考看齐。德语对于你来说并不是难题，小竹你能不能跨过比巨浪还高的内心里的坎儿才是至关重要的。"

尧意说的内心里的坎儿，是接受失败，承认自己的不足，要用足够强大的信心去击败内心的loser这样的意思吗……

曾几何时，我站在高高的金字塔上俯视下面正在艰辛往上爬的同伴。

第二天发布试卷的时候，拿着刚刚达到及格分4分的试卷略微激动。虽然对于曾经的我来说，毫无疑问这只是一个差等生的分数，而对于现在的我来说，是努力正在绽放的花骨朵。

难得阿德莱德教授对我笑了一下，我正想为我的成绩欢呼一下，伸出手的同时一拳打倒了正飞过来的酱油瓶——尧意挣扎地躺在水泥地上，未盖上的瓶口正哗哗地流着酱油。

我震惊地停止了动作，看着尧意从一个大酱油瓶变成了少年后，怒气冲冲喊道："宋晴竹！"

"那个，酱油还能收回来吗……"我点了点洒了一地的酱油，弱弱地抬头看了尧意一眼。

"收不回来！"尧意翻了个白眼，"泼出去的酱油就像嫁出去的姑娘！不退货！"

我眨眨眼，"那是不是你身体里的酱油全都倒掉，你就可以回家了？"

"想得美。"尧意臭着脸，转身就走开了。

然而我却看到了他转身之前扬起的嘴角。那一刹那我心中的负担和长久以来的愧疚感似乎也稍微减弱了那么一点点。

我突然明白了，是的呢，我的努力……毕竟还是让酱油变少了。

再见了，尧意

在DSH报名快要结束的时候，我迫不及待地打开电脑准备报名，毕竟这是我唯一留在这里的希望，可是怎奈我的电脑竟然在这个时间死机了。就在我来回启动好几遍，终于能进入网页的时候——我的鼠标停在了DSH报名按键上面。原本绿色的确认按钮就在五分钟之前变成了红色。

电脑屏幕右下角的时间正是3月20日0点5分，而DSH的报名就在五分钟前截止了。

而我……刚刚好错过了。

一股无法形容的感觉从我的腹腔猛地升起，混杂着不可置信、无措、茫然和愤怒的情感瞬间充斥了我的整个身躯。刹那间我只觉得整个世界都停止了，我甚至不知道该如何去宣泄我心中的五味混杂。

好不容易堆积起来的信心和进步仿佛都变成了嘲笑，我有了斗志和前进的愿望又怎么样，我错过了考试，而下一次则要等到半年以后了。

"尧意……"我喃喃唤道，飞快地转过头，仿佛叫着他的名字就可以给我一丝勇气似的，"尧意，怎么办？"

我的声音已经带了哭腔，在客厅的尧意急匆匆地打开门："怎么了？"

"我……错过了考试报名。"我的声音似乎都神经质般地尖细了起来。

"小竹不要着急，一定有办法可以补救的。"尧意急匆匆地抢过鼠标，快速浏览着页面，"先发邮件给报名负责人，说不定可以网开一面。"

我站在他身后，看着他快速敲打键盘，慢慢摇了摇头，"尧意，不要试了，错过了就是错过了。以德国人的严谨与不近人情，一定不会为我破特例的。"

我的脑中又浮现出在汉堡火车站的时候，绝情而去的火车；在波茨坦无忧宫的时候，任我如何苦苦哀求，也没有能阻止在队伍排到我的时候却因为参观名额用完而白来一趟的绝望。

慢慢地，那些绝望都变成了逆来顺受一般的无所谓。

不是真正的无所谓，而是无法改变现状而只能装作坦然的无所谓。

而现在，这种感觉比起之前强烈百倍地再次涌了出来。消极、逃避、放弃……明明都是很容易的事情，然而这样的情绪却压得我透不过气来。

尧意按下发送键，身躯顿了顿，猛地转过来。

"小竹，你不能这样！你不能放弃！"尧意拼命地想要拉起在地上缩成一团的我，"只是错过了而已！还有其他各种办法的！你不能任凭自己的负面情绪湮没你自己！"

"又有什么用。"我根本不愿意抬头看他一眼，声音冰冷，"也许这就是所谓的天意吧，我根本不适合努力，不适合前进。其实大家说的对，我就是一个loser，出国以后挥霍着家里的钱，吃喝玩乐、不学无术的loser。"

"你明明知道自己不是的！"尧意的声音变得气喘吁吁，拼命地想要劝说我，"小竹你知道自己可以做到的，只要再坚持一下！只要……"

"你懂什么！"我情绪激烈地打断他，深吸了一口气，冷笑起来，"其实这样也没什么不好的，错过反正也不是我的错，既然这样巧合地错过了，那就这样吧。"

"小竹，你……"尧意还想再说什么，我却一个字都不想再听下去了。我猛地站起身，想要推开他，却发现尧意不知什么时候已经变回了酱油瓶。

酱油瓶没有五官，我却仿佛看得到尧意悲伤的眼神。

黑色的酱油好像躁动的岩浆，拼命想要从瓶口流出来。酱油瓶的形状慢慢从圆柱形开始胀大，我突然有了一丝不祥的预感。

"尧意……"我试探性地唤道。

却没有了声音回应我，只有不断变大的酱油瓶和隐隐约约的尧意的气息。我一步一步后退，直到后背贴在墙上。

酱油瓶在我面前猛地炸裂了。

它没有发出任何一丝声音，就那么悄无声息，宛如慢放的默片，碎裂成了无息的空气。

铺天盖地的黑色酱油涌向了我，我禁不住闭上了眼睛。然而却没有任何实质性的感觉，仿佛无尽的空荡荡包围了我。

再睁开眼睛的时候，我的房间还是之前的模样。仿佛什么都没有发生过。

可是我知道，尧意不在了。

因为我的阴暗面，因为我的懦弱与逃避。

我捂住头的手无力地垂了下去。

对不起……尧意，还是让你失望了。

重 新 开 始

收到报名负责人的邮件的时候，我的心底还是打了一个激灵。几乎是颤抖着打开，我快速阅读完邮件内容。颓然靠在了椅背上。

果然……还是不行。

对方表示了十足的遗憾和抱歉，并且表达了她希望我能参加下一次的考试。然而下一次的考试是半年后了。

我叹了口气，想了想，还是收拾好东西去了教室。阿德莱德教授对于我的连续出席感到很高兴，甚至特意在课后点名让我留下。

如果这是三天前，一定是让我十足高兴的进步。然而此时的我，却没有任何一丝高兴。

"晴竹，我收到了你的邮件。"阿德莱德教授推了推眼镜，笑容亲切，"无论你是否能通过DSH考试，至少你有这样的上进心。看到你的改变我很欣慰。"

我闻言愣了愣，邮件？

然而顾不得去问邮件的事情，我已经脱口而出："可是教授，昨天我错过了DSH的最后报名时间。我……晚了五分钟。"我的声音低了下去，"我知道这是我的错，不应该等到最后再报名。我有试着写邮件给负责人，希望她能有办法……但是她说抱歉。"

阿德莱德教授的脸上露出了遗憾无比的表情，"DSH的考试错过这件事我也无能为力，毕竟系统机制是无法改变的。尽管如此，我还是希望你能没有遗憾地结束这个学期。"

我浑浑噩噩地与阿德莱德教授告别以后，自己也不知道是怎么走回家的。

楼下的小广场上有太阳神阿波罗的浮雕，站在战车上的他高举权杖，仿佛天下都不曾放在眼里。那样骄傲而孤注一掷的神色深深刺伤了我。

曾经我的内心也是这样的，现在我的内心事实上依然没有变过。只是它生锈了，落了厚厚的一层灰，走近它，都会被呛到。

如果……如果真的能擦掉那些灰尘，再抠去那层铁锈，是否就可以换回尧意呢？

阿德莱德教授说的话一直在我的心头重复。

希望我没有遗憾地结束这个学期。

酱油君留下的美好

什么是遗憾呢？遗憾其实就是于多年后回想起来会后悔的事情吧。明明可以通过自身来改变，却因为重重懒惰与退缩而没有去做的事情。比如，稍微努力一些就可以通过考试；比如，再努力一些，就可以申请到更好的学校。

如果自己真正尽力了，才有理由说不遗憾吧。

夕阳在远方凝聚成了瑰丽的霞光，那些无可名状的色彩给阿波罗的雕像镀上了一层流光溢彩的铠甲。我突然觉得自己的内心重新鲜活了起来，仿佛有什么东西被剥落了。

回到家的时候，我突然又想起阿德莱德教授的话，疑惑地打开了我的邮件箱。

发件箱里，赫然躺着我毫不熟悉的几封邮件。先是尧意写给DSH负责人的邮件，之后的几份，收件人都是阿德莱德教授。

我不知道这是我睡着的时候，抑或是其他什么时候，尧意背着我偷偷写的邮件。

我鼻子一酸，轻轻地点开了邮件。

我的脑中仿佛浮现出他的背影，他坐在电脑前，板着脸带着一丝别扭，却又认真至极地敲下一字一句。

"尊敬的阿德莱德教授，我知道在过去的学期里，我错过了不少您的课。我不想为自己辩解什么，只是今后我一定会来认真听课，希望您不要放弃我。"

"尊敬的阿德莱德教授，DSH考试马上就要到了，上一次我没有通过是因为我的努力不够，这一次我希望自己无论如何都能通过考试。如果可以的话，我也希望能够得到您的些许帮助。我会努力的。"

……

尧意每次写的都不多，却无比真挚。我终于明白了阿德莱德教授对我的额外关注和鼓励从何而来了。

尧意他默默地为我做了这么多，我却仅仅因为错过了考试而让自己的情绪爆棚。

虽然不知道他还能不能再回来，但是至少，我不能让他再失望。

之后每天的生活变得简单却充实了起来。几乎是两点一线的生活，却让我有一种重新拾起了当年的自己的感觉。无论是否能够达成最后的目标，至少我的努力就是我的收获。

学期结束的时候阿德莱德教授再一次将我叫到了他的

办公室。

"晴竹，我很高兴你坚持到了最后。"阿德莱德教授从文档中抽出了我的试卷，"2.3的成绩已经相当不错了。"

来到德国以后几乎就没有在语言考试超过3.0分的我不禁惊呼了一声。

"我从你的身上看到了无尽的潜力。在第一学期的时候，我曾以为你是那种无所事事、游手好闲的学生，后来你的行为证明我的想法错了。我为自己最初对你的想法道歉。"阿德莱德教授不等我回话，就又提笔在另一张纸上龙飞凤舞地签下了自己的名字，然后递给我。

我疑惑地接过来，"这是……"

"这是我代表学校开给你的语言证明。"阿德莱德教授的脸上绽放出和蔼的笑容，"证明你的语言水平已经可以达到大学入学水平。有了这张证明，我想至少可以让你先拿到录取许可，之后再去补上那些必须的考试也不迟。"

薄薄的一张纸仿佛有无穷的力量，我微微发抖地捏着手中的纸，一时之间竟然连道谢都忘记了。

"无须感谢我。这是我能为你做的，也是我该为你做的。"阿德莱德教授拍了拍我的肩膀，"我希望我没有看错人。"

回来的酱油君

在得到语言证明的半年里，我再也没有见过尧意，更没有见过那么硕大的酱油瓶。然而我明白，我再也不会逃避现实中的一切，我想勇敢面对。

准备了几天的报名，这次我选择了提前十个小时进行DSH考试的报名，这样即使电脑会宕机，那么我也有足够的时间去别人的电脑上操作——我给自己留了一条厚实的后路。

在我点击确认发现报名成功的时候，内心还是按捺不住喜悦，这一次一定会成功的！

"小竹，我有准备辣子鸡和酸菜鱼，正宗中国川菜哦！"

熟悉的声音从客厅传来，被打开的房门外钻进一个硕大的酱油瓶，不过瓶内的酱油不过五分之二，随即一个转身，酱油瓶变成了英俊的少年。

"尧意……"我呆住了。

尧意对我眨了眨眼睛，"快出来吃酸菜鱼，过会儿凉了吃不下你就得给我全部吃掉！"

说罢，我房间的门被关上了。我呆愣了一会儿，立刻站起身奔到客厅，打开门的同时证明了眼前的一切都不是幻觉，尧意他真的回来了！

"尧意，你不是……"我不自觉地抽泣了一下，"消失了吗？"

之前所有的不开心、压抑的心情以及委屈，统统倾泄而出。我的泪腺就像控制不住似的，泪水不停地流下来。

眼前的尧意白了我一眼，"不是跟你说过，我是消失不了的吗，只要你有负面心理，我都会出现。"

我一惊："可是现在的我半点儿负面心理都没有啊！"

突如其来的，我眼前一黑，随后脑门儿上响起了一个脑瓜子的声音，"说你笨一点儿都没冤枉你，负面心理是潜意识存在的，我是不可能消失的。"

其实尧意说的一点儿也没错，人的本性包括懒散，因为有了控制力和约束力，才有了现在的成功人士。本性从来不会消失，就像一直威胁着的天敌一样，时不时地来嗅一嗅边上的肉块。如若不慎，就会被它全部吞下，连渣滓都不剩。

就像眼前的尧意一样。

你终会在爱而不得中长大

你终会在爱而不得中长大

唐　花

嗤之以鼻是泣数行下的原因

许邯谦竟然当着他们全班人的面儿拒绝她！

眼泪越发汹涌，林渺渺愈加悔恨这一年多来对他付出的所有心意，她无论如何都想不到，今天的许邯谦会对自己这般嗤之以鼻。

最初来到这所三流高中的林渺渺已经完全丧失求学的欲望，在她中考落榜名校后很快就有了另一个追求：谈一场正儿八经的恋爱。

命运在开学一个月后给了她阳光般的希望，她这才发现对着月光祈祷是有用的。

在一次音乐课上，老师见同学们都羞于开口歌唱，于是提议同学们和自己的好朋友一起坐，这样大家就不会那么拘谨了。

林渺渺万般欣喜地把位子换到好朋友身边，好朋友肆无忌惮张口便"啊啊啊"地唱了起来，她忍不住笑出了声。

当时她正感冒，喉咙沙哑得开不了口，连笑声都像初学者拉的二胡，断断续续的，很难听。

这样的声音引来前面男生的注意，他转过头来看着林渺渺，眉眼微绽，清朗的笑声忽然传来。

电光石火之间，林渺渺想起班里女生发起的一个"评选班草"的活动，投票名单上便有这样一张脸孔，玉质金相，恍如再世潘安的许邯谦。

虽然女生们最终选定的"班草"并不是他，但彼时近距离地看到这犀颅玉颊，她还是微微动了心。

林渺渺临上高二前就决心给自己的形象来个大颠覆。她烫了头发，大波浪，走起路来长长的卷发蹦啊蹦，吸引来许多艳羡的目光。

她还给自己的指甲穿上闪亮的保护壳，踏进新教室的那一刻，相识的同学都以为她疯了。

她在安排好的位子上坐下来，前一排是清一色的男生。

相处一段时间后，林渺渺在班里的人气水涨船高，就连素以不染红尘自诩的邢睿泽也爱同林渺渺谈笑风生。

尽管如此，仍然无人知晓高一时一向温婉示人的她竟做出这么大的改变，为的是什么。

直到刚刚，她在众目睽睽之下拎着一份精心包装的礼物笑盈盈地跑出教室，又把它捏得皱巴巴地带回来，然后趴在桌子上，泣数行下。

伤疤这种东西，越揭越痛

林渺渺私底下幻想了许多和许邯谦可能的结局，她想来想去，一直对那未知的结局满怀期待又为之澎湃。

许邯谦后来对她的态度变淡了许多，她不知道为什么会这样，但她还是很喜欢他，为了让他接受自己，她特地趁寒假改变自己。

装着礼物的漂亮袋子的一角被林渺渺和着泪水揉得稀巴烂，甚是不解气，她"腾"地站了起来，气势汹汹地攥紧袋子走到教室后面，"啪"一声把它扔进垃圾桶里，又回到位子上哭得惊天动地。

邢睿泽头一回见她如此动情，转过身来拍拍她的背，柔声细语地安慰她道："渺渺，别哭了渺渺。"

她不买账，猛一抬头，两只肿如鱼肚的眼睛朝邢睿泽瞪了瞪，"别管我！"

放学后邢睿泽整个人转过身来，无奈地看了看眼前披头散发的泪人，起身走到垃圾桶边，把她扔掉的礼物拾了回来。

他把脏兮兮的袋子扔了，取出里面的东西，才知道原来是条围巾。

"呵，许邯谦可比三年前的我过分多了，至少当时他还是象征性地看了一眼前来告白的女孩儿送的礼物。"邢睿泽暗想。

"快把它还给我！"林渺渺忽然下了命令，邢睿泽恍然大悟，善变也是女生的专利。

他走到林渺渺身边，把围巾递还她，却对上一双愤愤不平的眼睛。

她泪眼婆娑地盯着他几秒钟后，把围巾往他身上一扔，"它是你的了！"

语气里没有一丝商量的余地，邢睿泽眉尖微蹙，"蹴尔而与之，乞人不屑也。你难道没听过君子不食嗟来之食？"

林渺渺斜着眼睛看他，"什么'嗟来之食'，这是我一针一线织成的！好几个星期的心血！"

眼看着她眼里又有泪在颤动，他连忙举双手妥协，"好，好，我收下了，谢谢你啊。"

林渺渺再不看他，而是别过脸去看着窗外，楼下操场上正举行着篮球班赛，她顷刻间望得入神。

邢睿泽在她对面坐下，随着她的视线望去，过了半晌才指着操场上的许邯谦问林渺渺："你就那么喜欢他？"

她晃过神来，忧伤的眼神落在了邢睿泽身上，"他是我的一块伤疤。"

那一瞬间，邢睿泽不忍心再问下去。

那一天的时光仿佛比生命中任何一天都长

她的伤心，他是能够深刻体会的。

如果不是爱，没有人能够为一个人落泪那么长时间；如果不是爱，没有人会盯着一个人的背影失神半天；如果不是爱，没有人会付出所有精力只愿博得一个人欢喜。

爱而不得的痛苦，他怎会不知。

在被许邯谦当着那么多人拒绝之后，连续几天她都没有展露笑颜，夜夜捂在被子里悄然低泣，宣泄到深处又变得歇斯底里。

妈妈渐渐觉察到了一丝不妥。她把菜夹到林渺渺的碗中，林渺渺只是默默埋头扒着饭，好久才抬眼朝妈妈笑笑。

那真是让人心疼的强颜欢笑，妈妈始终是过来人，最后还是忍不住问她："渺渺，是不是失恋啦？"

她拿着筷子的手刹那间僵在半空中，抬眼见到妈妈满目怜爱的那一刻再也控制不住。

那是十八年来妈妈第一次和她有了关于感情的交谈，那天晚上妈妈说的那句话，她永远也不会忘记。

"不以为，不猜测，不追忆，不期待。假使能做到如此心静无痕，伤害也就不会轻易发生。"

那也是第一次，她愿意认真地、冷静地回想她和许邯谦从陌生到熟悉，从当初暧昧不清到如今形同陌路的过程。

在发现林渺渺患了感冒喉咙沙哑的那天，许邯谦从前排回过头来和她讲了许多个笑话，她沙哑地笑，他也跟着乐。好朋友在旁边一直开玩笑说他们两个是傻子，他们也丝毫不收敛。

是怎样一种默契，才会让他们在相识的第一天便对彼此掏心掏肺呢？

倘若不是命中注定，为什么至今林渺渺仍有深刻的感觉，那一天的时光仿佛比生命中其他任何一天都长。

许邯谦还买来一盒润喉糖给林渺渺润嗓子，在碰到她冰凉的手时他还心疼地用他温暖的手握紧它们。

林渺渺记得很清楚，那时他的眼眸里尽是温柔。

我为你找个池塘、盖间平房、忘掉哀伤

他们彼此是相知相惜的，不是吗？可为什么后来在她表明了自己的心意之后，他又急切地退缩了呢？林渺渺仔细回想，她和许邯谦到底怎么了？为什么会变成今天这个样子？没有人告诉她。

华灯初上，江上漂回几艘捕鱼的船只，渔民们的欢呼声一阵又一阵，一条条鱼儿正在渔网中挣扎。

邢睿泽劝林渺渺，别再深陷泥沼，许邯谦显然是个胆小鬼，他只想玩玩，她却把一切当真。

面对好心的劝阻，林渺渺一贯左耳进右耳出，唯一奏效的还是妈妈这番开导。

她忽然感觉从前的自己荒诞至极。

"不可否认我真是爱情的信徒，可神给了我什么？"

林渺渺拿起笔尖直戳邢睿泽的后背，他疼得差点儿叫出声来，瞪了她一眼，"神赐给你一个天使，替你疗伤还要由你发泄！"

林渺渺说："邢睿泽，我真的不想再这样下去了，你帮帮我。"

他看着她无助的眼神，心里猛然一震。

邢睿泽忽然神情笃定地告诉林渺渺："就让我为你找个池塘盖间平房忘掉哀伤吧，给自己一个有鱼的地方。"

原来每个人的青春里都有一段情非得已的感情

1999年9月21日，宝岛台湾遭遇了百年以来最大的一场地震。

震感持续了一百零二秒，连声招呼也不打便强行夺走了邢睿泽在这世上最后一位亲人。

他自幼与奶奶相依为命，若不是奶奶托她在大陆经商的干儿子把邢睿泽带到这边来读书，他根本不可能毫发无损地站在这里。

后来，邢睿泽认了奶奶的干儿子当干爹，他是个孤儿，奶奶走了之后，唯有干爹把他当亲儿子般疼爱有加。

在他最伤心的那段时间，邻居一个年龄相仿的女孩儿总是借故找他出去玩，但他把自己困在房间里，不吃不喝，不肯踏出房门半步。

他说那是一位天使般的女孩儿，特别是她一边弹着吉他一边唱《我们这里还有鱼》的时候。他简直不敢置信，他刚刚才开始学识谱，而她已经能够弹唱自如了。

"我为你找个池塘盖间平房忘掉哀伤，给自己一个有鱼的地方。"

这是邢睿泽听过的最动听的一句歌词，是那个女孩儿给他带来了希望。

邢睿泽和那个女孩儿之间仿佛有一条隐形的线，牵引着彼此，他们开始以兄妹相称。那时的他们想法很单纯，只要惺惺相惜，就什么都够了。

上了初中，青春期的孩子心里开始有一股热情在蠢蠢欲动，邢睿泽也变得慌乱起来，他发现自己对那个女孩儿的喜欢，已经超出了"兄妹"的范畴。

他在傍晚时分用吉他弹着庾澄庆的《情非得已》，对着邻居女孩儿的窗口勇敢地唱："只怕我自己会爱上你，也许有天会情不自禁，想念只让自己苦了自己，爱上你是我情非得已。"

七天之后，邢睿泽的干爹突然面如死灰地回到家。他的生意失败，一夜之间，辉煌华丽的家变得空荡荡。

邻居女孩儿的妈妈深夜在阳台上撞见了正在修补琴弦的邢睿泽，对于他们家的变故已有耳闻，她亦是深知他对她女儿的心意的。

可普天之下，没有哪一对父母肯让自己的儿女跟着别人受苦。

女孩儿在对他避而不见许多天后突然出现，带着她亲手织的一条棕色围巾。邢睿泽看了一眼便还给了她。

他们很快搬了家，搬到租金便宜一点儿的地方去。

直到现在邢睿泽才大彻大悟，原来每个人的青春里，都有一段情非得已的感情。

他是这样，林渺渺也是。

学生时代最容易动情的距离，就是你坐在我前排

邢睿泽问林渺渺："许邯谦究竟给了你什么，值得你如此动情？"

林渺渺莞尔一笑，"他给过我被爱的感觉。"

他说既然要帮她从这段还未开始就已经结束的感情中走出来，就必须找出根源所在。而林渺渺其实很明白，感

情这回事，哪有根可寻？

她不想往事重提，挥挥手说算了，先上课吧。

转眼班主已经走进教室，还带来一个新的学生。

见到新学生的那一刻，林渺渺的表情只剩下瞠目结舌。

沐宜这个死胖子，她还有脸回来上学？

林渺渺讨厌沐宜，还得追溯到她发现她是许邯谦的"铁杆粉丝"的时候。

得知沐宜这个身份是在林渺渺和许邯谦关系暧昧的时期，当时学习累了的林渺渺正在走廊上看风景，许邯谦忽然出现在她身旁，手上拿着一瓶益达在她面前晃啊晃。

他说："我不想吃了，赏你的。"

她分明看见那一整瓶益达像是没有开过的样子，但她舍不得拆穿他的谎言。

沐宜却突然不合时宜地出现在他们面前，用嗲嗲的声音喊了许邯谦一声"偶像"。

沐宜是个很有心计的女孩儿。

林渺渺忍不住将这些事情通通告诉邢睿泽，要他对沐宜防着点儿。

周二影票半价，林渺渺拉着邢睿泽一起去看上映不久的《那些年，我们一起追过的女孩儿》，她哭得稀里哗啦的。

邢睿泽倒是不知道整部电影的哭点在哪里，在他看来，人生的遗憾太多，与其悲天悯人，倒不如随时准备迎接下一站的幸福。

从电影院出来后，他们看见了一个胖乎乎的身影正在买爆米花。是沐宜，她竟然一个人来看电影。

林渺渺拽了拽邢睿泽的手腕，"指不定是这个小人在许邯谦面前说了我的坏话。"

邢睿泽一笑置之，女生总爱胡乱猜测。

第二天课上，林渺渺看着邢睿泽的背，又想起了电影里的情节，于是拍拍他的肩问："你知道学生时代最容易动情的距离是什么吗？"

"一厘米？"他侧过身来问她。

"错！是前后排的距离！就像我们现在这样。"

他打趣道："你以为你是沈佳宜啊？"那他不就是柯景腾了吗？

"邢睿泽！"班主任突然惊天一声吼。

邢睿泽旋即白了林渺渺一眼，都是她干的好事。

班主任挑了挑眉毛，"这道题你给我说说，还有没有另一种解法？"

邢睿泽顿时犯了难，他的数学成绩……

风轻轻地吹，叶子在窗外刷刷地响，教室里一时间安静得能够听见书页被风吹动的声音。

"快，给你。"同桌突然揪了揪邢睿泽的衣角，把一个小本子挪了过去。

雪中送炭让邢睿泽幸运地躲过一劫，他想把本子还回去，无意间看到了皮本上的名字：沐宜。

他朝她的座位上看去，她冲他微微一笑。

邢睿泽心想，也许林渺渺真是误会她了吧。

下课的时候邢睿泽在走廊上撞见沐宜，于是谢谢她在课上那样帮自己，她挥挥手说："同学一场，应该的。"

沐宜这一连串的举动让他心里轻松了不少，至少从表面上看来，她拆散鸳鸯的概率很小。

他把林渺渺拉到走廊，要她认清事实看清眼前这个人，他不希望她无故冤枉别人，不希望她自己在心里砸下一块大石，继续自欺欺人。

林渺渺顺着邢睿泽手指的方向看过去，但最先看到的不是沐宜，而是许邯谦。

这个曾经跟自己关系暧昧的人，在离她不远的地方和一个被她认为世界上最丑的女孩儿谈笑风生。

这严重打击到了林渺渺的自尊心。

她气得就快要哭出来，转过身一把推开邢睿泽，狼狈地跑掉。

真正的敌人是你的心

一个星期后，林渺渺已经不再提这件事了，邢睿泽偷偷问了沐宜，才知道她和许邯谦其实从初中就认识，因为初中时她迷恋飞轮海组合中的吴尊，又惊觉许邯谦和吴尊长得如此相像，才开口喊他为"偶像"。

虽然邢睿泽已经将沐宜的解释一五一十地说给林渺渺听，但她还是无法像喜欢其他同学一样喜欢沐宜。

班主任突然在班里宣布，下周高二将举行拔河比赛，每个班派十个男生十个女生参加，身高高的同学优先。

林渺渺身高一米六五，还没来得及考虑要不要报名就被班主任选中，同样被选中的还有沐宜，这样一来，林渺渺的心里更不平衡了。班主任却说沐宜虽然矮，但她的体重有很大优势，她可以靠身体拖动绳子。

为了集体的荣誉，林渺渺也不好说什么，但她发现沐宜竟然变了不少，就算班主任公开这样说她，她也不生气，反倒嘻嘻地笑，真把被选中当成一件光荣的事情。

正式比赛开始了，全校学生在操场围成一个圈，参赛的同学站在中间。晋级赛分别由相邻的两个班级对阵，赢的一个班级进入到决赛。

与七班对阵的是八班，比赛前林渺渺信心满满地和邢睿泽击了个掌，然后紧紧抓住麻绳，在听见裁判员的一声哨响后拼命将绳子往后拉。

林渺渺的力气不大，却像豁出去般把鞋子都磨得嘶嘶响，邢睿泽感觉到她的用劲，用手抓住前面的绳子，卯足劲拉到自己的位置；又把手伸向离林渺渺的手更近的地方，为她减轻重量。

沐宜站在最后面稳住绳子，她的体重的确发挥了很大的优势，她把绳子往下压，几乎用尽全身力量将它一点点拉了过来。

七班胜利了！林渺渺兴奋得转身就和邢睿泽抱在一起，其他同学也纷纷喝彩欢呼。接下来的比拼更是全情投入，七班就这样一路杀到了决赛。

林渺渺的对面站着许邯谦，他竟然成为她的敌人。

邢睿泽拍了拍林渺渺的肩："给他点儿颜色，让他看看你有多厉害，证明他有多傻。"

虽然不知道这两者之间有何关系，她还是狠狠地点了点头。

一场"殊死搏斗"过后，邢睿泽把林渺渺抱起来转了个圈庆祝胜利，淋渺渺笑得灿若夏花，即使偶然和许邯谦有眼神的对接，她竟也不感到心虚了。

一切发生得那样自然，她在他的眼里看不到一点儿波光荡漾。

班里身强力壮的男同学们高兴得合力把沐宜抱起来绕场奔跑，在一片欢呼声中，还有人偷偷塞了一朵玫瑰花给她，她冲他害羞地笑。

林渺渺高一便认识那个人，他曾是许邯谦的同桌，俊朗阳光。

心里曾有过的十万个为什么突然迎刃而解，为什么那时沐宜总爱在许邯谦身边转悠，为什么回归的时候沐宜选择了这个班，她通通有了答案。

"原来她一直是我的假想敌。"林渺渺把头靠在邢睿泽肩上，她突然感觉好累好累，这么久以来心里对沐宜的排斥就要结束了，她应该感到如释重负才对，但莫名难过得想哭。

"有一个假想敌是很正常的事情，只要你知道，真正的敌人是你的心。"邢睿泽说。

我的灵魂，从此为你沸腾

"不以为，不猜测，不追忆，不期待。"妈妈说的这句话，林渺渺没真的参透。有些时候，她就像是个胆小鬼，不敢面对的事情怎么都劝服不了自己去面对。

"不要轻易以为那就是爱情，不要胡乱猜测他就是喜欢自己的，不要时刻追忆美好的过去，不去期待不属于你的心。这也许就是你妈妈的本意。"邢睿泽说完，林渺渺有种他一语道破天机的感觉。

但这不重要，重要的是，她终于面对了现实，许邯谦给予她的曾经，不是爱。

林渺渺和邢睿泽，他们都是一类人，一样承受过爱而不得的痛苦。在这世间，爱而不得的感情有许多，但不尽是令人遗憾的事儿，它也教人成长。

生命总有转折，月亮弥补不了圆缺，总有太阳给予圆满的笑脸。

幸好，林渺渺遇见了邢睿泽。

林渺渺发现她的书桌上不知何时被刻下了这样一句话：

林渺渺，你终会在爱而不得中长大。

是在她失恋那天，邢睿泽偷偷刻下的。

你终会在爱而不得中长大

编故事的鞋子

巫小诗

1

母亲总教育我说，不再使用的东西，除非有特殊含义，否则就应该把它送给需要的人，或者干脆扔掉，不能胡乱占据生活的位置，我却偏偏不爱听她的。

从小到大，为了让母亲不扔掉我那些也许有一天会用上的冷门物件，我必须挖一些，甚至编一些特别的故事来留下它们。故事说多了，母亲睁一只眼闭一只眼地相信着，我也执着地继续着，怕自己真假搅浑，真故事我会用蓝格纸书写，而假故事，我用红格纸。其实真假有时没有明显的界限，我只记得，确实有过这些人这些事物途经了我的岁月，而我希冀过与他们更多的交集。

高中毕业的暑假，我在闲暇之余做得最多的事情，就是给那些我上大学带不走的闲置宝贝写故事。我把故事写在纸条上，塞进旧衣服口袋里，压在过期台历下面，绑在坏手机身上，夹在破笔记本里面……房间的边边角角都藏着我的独家故事，一张张纸条，像是一个个旧物的平安符般替我守护着它们。

我这样做的原因，一开始是因为母亲记性和耐心都不太好，我一样样把故事说给她听，她绝对会疯掉的，不如写下来，我不在家的时候，她不会乱扔我的东西。到了后来写鞋子的故事时，我彻底写上瘾了，一两句话能搞定的便利贴根本不够我文思泉涌的天赋表达，我干脆用大信纸写起小说来。我对鞋子的情有独钟只单纯因为，我相信那句有点儿矫情的话，"一双对的鞋子能带你走到一些更好的地方。"

2

假期回家的火车上，我突然很想念当年写过的救命故事。吃完晚饭，我反锁上自己的房门，打开小鞋柜，俯下身来，把最底层一格的三双鞋盒子拿出来。我已记不太清我写了什么故事，只是大概记得，最底下一层放的，都是我最掏心掏肺的真故事，都是用蓝色格子纸张书写的，放低一点儿，是为了逃过母亲的详细"审查"，关于我爱情和人生的思考，我并不太想她知道。

母亲是没耐心的，瞄到有纸条就不会乱动我的东西了，她经常懒得打开纸条来看我的胡编乱造。于是，我就像老妇人回忆自己的青春年华般，掏出鞋子里的纸条看了起来……隔着长长的岁月，故事有些陌生，简直像出自别手，仿佛鞋子会说话，会吹牛，在跟我讲着它给自己编的故事，这感觉可真奇妙。

3

第一个鞋盒子里，放着一双男士一次性拖鞋。是的，很大的一双男士拖鞋，有点儿发霉了，放在皮鞋盒子里，很奇怪，像廉价的热带鱼躺在豪华的南极冰屋里。

我慢慢地打开折叠整齐的蓝色格子纸，原来故事是这样的：

高考完的暑假，成绩刚出来，我考得并不理想，心情有些沮丧。那时候我有一个"地下男朋友"，高三的时候悄悄好上的，没多少人知道。他的成绩比我好一些，高考更是超常发挥。我跟他的距离，突然变得好遥远好遥远。

我很害怕他上了大学会抛弃我，但他说，傻瓜，不会的。别人的暑假忙着旅行、忙着消遣、忙着各种红尘滚滚，他却报了一系列的大学预科班，朝九晚五地上课，也没有时间陪我。

"你成绩都已经这么好了，为什么还马不停蹄地学习？这样的你，让我有无法触及的恐惧感。"我对他说。

他淡淡地回答我："其实很多人的高三暑假都是这样度过的，只是你不知道罢了。一旦让自己上升到一个高度，你就不想下来了，许多事情都是这样的。"

我不懂他这话的意思，傻愣愣地看着他。

他补充了一句："傻瓜，你起点低，可以破罐子破摔，但我不可以。"

不知道他是否在跟我开玩笑，但这句话，彻底伤害了我的自尊。我转身离开，闷头回了家，他也没有拦着我，继续学他的雅思、托福、微积分，似乎学习比什么都重要。

4

回家后，我很沮丧，不知道怎么从这种不好的状态里出来。突然就蹦出一个想法，要么，去旅行好了，不是说一段说走就走的旅行可以治愈一个人的嘛。

家里人不喜欢我旅行，我也没什么积蓄，去不了什么"高大上"的地方，于是买了张五个小时的普通火车票，去往一个不发达的邻省的二线城市，也算是出发在路上了，去哪儿不那么重要，至少没钱的我是这样安慰自己的。

那天天气不太好，路上下着雨，还堵车，去往火车站的路堵到地老天荒。下了公车后，眼看发车点就快到了，我拖着轮子不那么灵活的行李箱，飞奔在站台上，鞋带跑松了也没工夫停下来系。

终于是在临近发车的时候赶上了，就在上车的一刹那，悲剧发生了，我的一只鞋松落了，掉进了车底。我单腿站立着呆愣着，列车门口的检票员说，先上车吧，捡鞋子来不及了，火车就快开了，你后面还有客人堵着呢。

无奈的我，只能直接一只鞋一只袜子地走进了车厢，找到自己位置坐下，心情糟糕透了。

我湿漉着头发，只穿着袜子的那只脚尴尬地放在另一只脚上，箱子里也没有带多余的鞋子，不知道下车的时候怎么办。火车站那么脏，踩到玻璃、钉子啥的，就惨了，被人踩了也会很痛呢，我简直要哭出来，低着头，连窗外雨过天晴了也无心看。

"你没事吧？"突然有人对我说话，我抬头一看，这位似乎有点儿眼熟，好像是刚才上火车时，排队在我身后的人。我没有回答他，这明摆着有事啊，还问别人有没有事，真是够无聊的，我当时负情绪爆棚，没有理他。

他见我不回答，也没继续说话，我以为他就此作罢了，旅途中爱搭讪的陌生男人啊，也不看看自己的长相，我可是受过严格管教、见过大世面的女孩儿，不会轻易跟你聊天，你死了勾搭的心吧，我内心的小九九，一边沮丧着一边野蛮着。

他站起身，在火车行李架上翻找着什么，我没多注意。不一会儿，他居然给了我一双新的一次性拖鞋。"我也没别的鞋子了，刚好有一双这个，你先穿上，勉强可以穿着走出火车站，到了外头再去买双新鞋子，别伤了脚。"

天哪，我简直要感动哭了好吗，就在十秒前，我还在内心嘲讽着这个搭讪者，没想到他居然如此善良。

我接受了他的好意，脱掉脏袜子，赤脚穿上了他洁白的薄薄的一次性拖鞋，并一路跟他聊着天，不知不觉，就过了几个小时。他比我先下车，下车的时候，我甚至来不及问他叫什么名字。

他走后，我一个人坐在座位上发愣，陌生人的一件小善事能让我感受到整个世界的温暖，而喜欢的人的一句不友善的话，也就足够让我功力尽废。我是个很敏感的人，也是个很容易满足的人。

出站后，我买了双新鞋子，这双一次性拖鞋却舍不得扔掉，虽然它脏了还在路上进了水，我还是用塑料袋小心翼翼地包裹好，最终带回了家，因为，这是一个温暖的回忆。

这次旅行不怎么好玩，我早早回了家，温暖的一次性拖鞋是我此行唯一的收获，我跟男朋友也莫名其妙地和好了。因为我发现，类似一次性拖鞋这种小细节的温暖，男朋友给过我太多。陌生人的一个关心，我就热泪盈眶，而他的付出我却视为理所应当，或许，我该原谅他那句随口而出的话，毕竟，有个词叫作，瑕不掩瑜。

尽管，最终我还是因为某些原因跟男朋友分开了，但这双一次性拖鞋教会我的细节，我一直记得，要常怀感恩，要少记怨恨。

5

第二双鞋子，是双黑色的学生气小皮鞋，虽然几年没穿，但它看上去依然很新。

鞋子里的蓝色格子纸有点儿皱，我知道，那不是揉的，是写故事的时候，我哭过的泪水。

我读高一的时候，有个玩得很好的闺密，她是我的同班同学，我俩周末经常去对方家里住，对彼此的家人都熟悉了。我俩身材相似，衣服经常换着穿，一到周末下午就关在房子里搞换装秀，简直太欢乐了。

我的脚码比较尴尬，36码半，一般的鞋子都没有半码，我买36码的小了，买37码的又松了，而且会越穿越松，我很苦恼。

而她的脚刚好是36码的，于是我想出一个好方法，让她当我的"职业穿鞋员"，通俗说来就是，我以后买鞋通通买36码，让她先帮我穿一阵子，穿松了一些就刚好给36码半的我穿了。她也很乐意应承这件差事，毕竟总有新鞋子穿是件很棒的事情。

这个奇葩小互助，一直持续了有半年多，我买鞋子经常都带着她去，我们有相同的审美，不至于让对方不满意。有时，我买了新鞋子，她就直接穿回家，我感觉有一点点舍不得，但毕竟她是在帮我的忙，我也没太在意。

有一次，韩国旅游归来的姑姑给我买了双很美的新鞋子，锃亮的黑色小牛皮，配上白色高筒袜和短裙，很有日韩高中生的时尚味道。这双鞋子是名牌，挺贵的，但我依然舍得给她穿，因为她是我最好的朋友。

这双鞋子穿到学校去很拉风，多次被人问起在哪里买的，她得意地说韩国，也没补充一句这双鞋子属于我。她享受着别人的艳羡，似乎觉得这是理所当然的属于她的。

你知道吗，女生的穿衣服、鞋子有点儿像动物的圈地行为，就是说，谁首先使用了这个，在通俗的印象中，它就是属于谁的。是的，因为她经常帮我穿鞋子，而我的鞋子又都挺漂亮挺显眼，渐渐地，有人就认为，我一直在捡她的旧鞋子穿。而面对这种质疑，她也没有替我出面解释过，简直是默认。也许，"她的漂亮鞋子都不是她的"这件事，她并不想承认吧。我俩的友谊渐渐被传播成了"清贫心机女高攀富家大方女，蓄谋搜刮物品"，这样的故事版本让我很懊恼。

我一向沉默，但心里憋了委屈也想要诉说，于是找了个班上还算关系不错的女同学，把事情跟她说了。因为委屈想得到一些同情，我把故事说得夸张了一点儿，显得自己很弱势，很可怜。而我低估了女生的八卦天赋和传话的想象力。简单的烦恼倾诉被一传十、十传百地传成了她多么有心计，霸占着我的物品还想嫁祸我高攀她的夸张版本，而这话也最终巧妙地传播到了她的耳朵里。

她当着班上很多同学的面，把脚下的鞋子脱下来，扔在了我面前，自己流着泪，赤脚走回了家。听说她是一路哭回去的，我们的友谊就此决裂，一点儿挽回的余地都没有。

我很心疼，破坏我们友谊的不是我们自己，而是那些流言蜚语。我们产生矛盾的时候正值学校的文理分科，我们没有联系。最终也意料之中地，我读文，她读理，两人再没有什么交集。

而那双精致的小皮鞋，我再也没有穿过。准确说来，是我一次都没有穿过，它代表着我俩友情的终结。我是哭着记录下这个故事的，信纸都被泪水浸得皱了。

我感受到了人与人之间情感的脆弱，也更加明白，友情应该小心翼翼地维护着。许多流言蜚语的始作俑者都是自己，在矛盾的开端勇敢地直面解决，两人敞开天窗聊聊天，或许就解决了。倾诉来倾诉去，反倒是给了心机者搞破坏的更大可能。

几年过去了，我的脚似乎长了那么一点点，不用再纠结买不到半码的鞋子了，37码刚好够穿。但我总怀念那个，等待着好朋友送来大小合适的二手鞋子的高中时代，像等待一份恰如其分的青春。可惜，我自己不懂事，做错事还爱面子不低头，把好的友谊错过了。

听说她现在在国外读书，年年拿全额奖学金，她会变成越来越优秀的女孩子吧，我好想念她。

6

最后一双鞋子，它没有第二双那么漂亮精美，它何止不漂亮，简直是又旧又破，从鞋底到鞋帮，缝缝补补了不下三次，而此时的它，简直扔在垃圾桶里，乞丐都不想去捡起。

在这样一个年代，没有几双鞋子会被多次修理吧，破了坏了，就扔了，反正再买新的也花不了什么钱。老年人可能愿意穿补过的，我这种小年轻，愿意穿有补丁的鞋子就奇怪了。

但这双鞋子，真的与众不同，要不是右脚整个鞋底从中间断成两半，我一定会继续穿它的，因为，它承载着我高三时期的整个的自尊心。

我们学校是当地的重点高中，每个班的学生人数都是超负荷的，而学校给家住得远的同学提供了少量的床位。床位太少，不是成绩优异和家中有关系的人，基本是住不进来的，家住得再远都没有用。

我这种成绩又不好，家里又没有关系的，自然是想住校都不成咯。我又没有丝毫平衡感，单车都不会骑，每天上下学又要暴走又要挤公交，挺折腾的。

家人寻思着，要不，咱给学校送个礼吧，走走后门什么的，没准能搞到一个床位。我从小就从骨子里排斥这种塞红包走后门的行径，高度抗拒，说你们要是瞒着我给老师送礼，我就不读书了！

看我态度强硬，妈妈也火了，她说，"别人家小孩儿成绩好的，家人不工作去学校附近租房子带他，你成绩这个样子，妈妈也觉得没有必要放下工作去为你服务，现在，走点儿后门弄个床位你又不肯，你不要太一根筋了好吗？"

我真的很讨厌家人开口闭口别人家小孩儿，别人家的小孩儿从来就不会失败和悲伤吗？为什么总拿他们当无形的石头压在我的自尊心上。

我对妈妈说："我就是成绩不好，又不让你们走后门，我就是这样的性格。一下子成绩突飞猛进我做不到，让你们在学校附近租房子带我我也于心不忍，幸好我跟所有别人家的孩子一样，有一双能走能跑的腿。我每天早早起床，去赶公交车，我没有问题，我跑得也挺快。"

妈妈说："你别硬撑行不行？高考还有大半年，你天天这样走路浪费很多时间和体力，不说别的，鞋子都得走坏几双。要么早点儿把成绩提上来，要么我们去送点儿礼，你看着办吧。"

"不劳您费心了，妈妈，高考前，我不用您再给我买任何一双运动鞋，这一双我会一直穿下去。我喜欢这双鞋，鞋子破了可以补，人心受伤了，可是弥补不了的。你们总觉得我这不好那不好，还不懂人情世故，可这就是最真实的我。

"从小到大，我不能选择我喜欢的乐器，甚至不能选择我喜欢的家具颜色。你们似乎什么都摆出要经过我同意的样子，但最终都会果断地帮我做出决定。我累了，最后的高中时光了，我要选择我的尊严能接受的生活方式。我成绩不好，提高一下子也完成不了，我慢慢来；家里远，弄不到床位，我不要送礼，我耐心走。走路的时间，权当运动了，天天读书太枯燥了。"

我说了这么多，妈妈似乎有点儿触动，她没有再说什么，只好随我去了。

在接下来的日子里，我每天从家里出发，小跑十来分钟去赶公交车。到学校附近下车，又得开始狂奔，虽说仓促，却几乎没有迟过到。反倒别的同学一会儿体弱、一会儿发晕、一会儿失眠的事儿，我从来没有过，我有的只是好胃口和好身体。

有时起得早了，心情好，我就跑步去上学，心情无比美丽。虽说不是成绩很好的学生，但我的高三过得不压抑，因为我把心里的苦闷在肢体上发泄出来了。

而再好的运动鞋也经不起我这样的折腾，它果然破了一次又一次，每次我都是中午趁吃饭的空档去小巷子里补鞋子。老爷爷都认识我了，他觉得我应该是穷人家的孩子，这么节约，后来补鞋子都只象征性地收我一块钱。

妈妈要给我买新鞋子，我说不用，不仅是出于骨气，

你终会在爱而不得中长大

也是出于我对这双鞋子的情感，它陪我跑过了我最有尊严的一段时光，我很感谢它。

高考完天热了，不用再穿它了，我把它小心翼翼地放进了盒子里，当作纪念保留吧。它也似年迈的消耗完所有体力的老人一样，悄悄地断裂了。那道裂痕是它陪我奋斗过的勋章，我会永远记得。

7

这三双鞋子的故事，仅仅是我所有的纸条故事的一部分，它们安静地躺在我房间的各个角落，它们是旧物的平安符，也是我回忆的守护者。

一直觉得写作是一个很好的习惯，哪怕只是流水账式地写日记，都是现在的自己送给未来的自己一份很好的礼物。当你回首过往时，看到自己曾经的种种经历和想法，或忍俊不禁，或悲伤怆然，这都是单纯的脑海回忆所不能营造的时空。

而给物品写故事的奇怪习惯，也成为我独特青春的印记。我似乎在书写着它们的传奇人生，感谢它们成了我的生活的一部分。当它们老朽后，我应当对作为功臣的它们不离不弃。

使用一件物品，就是给了这件物品生命，我的鞋子会讲故事，它们途经了我的成长。

两两相忘

骆 可

1

我又开始在白纸上画竖线，然后三条连在一起，因此来预测一些我所想知道的事情。

刚入冬，我的脚便红肿得像个馒头，此刻更加疼痒难耐。我观察过初的鞋，黑色系带或不系带的各种品牌的皮鞋。而我却总是穿各色各样的靴子，离膝盖有一段距离，在冬天里露出光滑好看的小腿。

初不明白我为什么喜欢在冬天里穿裙子，却在整个夏天里始终一条长裤。这世上，很多事情是不需要别人懂的。

就像我不懂为何初要爱我，而不是米兰。

米兰是我大学生活的唯一收获。那时，有很好的阳光，米兰站在槐花树下，对手里拿着书走过的我微笑，说："可以一起去图书馆吗？"

这座城市有着别处很少见的槐花，我和米兰在那绕鼻的香气里一起上课、下课、吃饭、逛街，去操场看人打球，坐在图书馆的台阶上闭起眼睛听风吹过耳际。

米兰捉紧我的手，问："有一天，我们会不会爱上同一个人？"

后来，见到初。

他是米兰表哥的同学，受托来看米兰。米兰望向他的第一眼，我便知，她已成爱的囚徒。

初颔首微笑，询问衣食住行可有需帮助之处，米兰一一作答时，他始终保持着微笑聆听的姿态，不似那些刚出茅庐的愣头小子，急于表达，过于殷勤。一切一切，成熟得体，刚刚好。

米兰的话题开始围着初打转。

"听说他是IT精英。""他穿休闲的西装好帅！""原来他竟是个左撇子！""他在电话里说明天降温让我们及时添加衣服。""你说他明天会不会来……"

我嗯啊点头，最后声音飘进耳朵里都幻化成电脑屏幕上小乖的头像。

2

那个时候，我喜欢在各种BBS里闲逛，因此认识了小乖。

小乖很乖，不像网上那些说"来，给大爷唱个小曲吧。什么？不唱！那大爷给你唱个小曲吧"的人。他在网上写长长的文字，字里行间透着疏离，从不回复任何人的留言。留言的人越来越少，除了我。

夜凉如水的夜里，我趴在被窝里将他所有的文字一一细读。我给他留言：你不可以这么不快乐。

他终于回复我：快乐是一件多么奢侈的事情。

我读给米兰听时，她嘴角噙了笑，"快乐就是你喜欢的那个人一笑，你感觉整个春天都来了。"

可是隔着电脑屏幕的小乖不会笑，他告诉我他养了一只叫小白的小猫，天天给它洗澡，陪它聊天，将去掉刺的鱼放到碗里，然后看它慢慢吃掉。

就算这样，我也是欢娱的。在小乖的世界里，我到底是和其他人不同的。

我在电脑这头慢慢地打字：我想你一定有着薄嘴唇、大眼睛，笑起来很忧郁的样子。

过了很久后，他回：我已经不会笑了。

我知道小乖心里有伤，那种就算结了痂，仍然会疼的

你终会在爱而不得中长大

伤。他的女朋友背叛他，和他最好的哥们儿在一起了。

当然，这些小乖不会告诉我，但他所有的文字堆砌在一起说出了他的秘密。

初很久不来看米兰，米兰犹如困兽，抓着我问："他是不是生病了？还是出了什么事？我要不要给他打个电话？"

我懒懒地回她："该来的总会来。"

初再来时，我和米兰已经被毕业论文和答辩折磨得快要疯掉！米兰将目光聚焦在初脸上十几秒后，才高兴地跳起来，"我以为你再也不会来了！"

初还是那样温和地笑，米兰兴奋地冲进教室，说你在这儿等我，我很快答辩出来！

看着米兰消失的方向，初的声音软软地飘过来，像一枚忧伤的果实。

他说："我以为不见便可以不念，可还是失败了。"

3

米兰用了各种理由说服父母放弃让她出国继续深造的念头，她要留在这里，留在有初的地方。

一座城市令你念念不忘，大抵是因为，那里有你深爱的人和一去不复返的青春。

六月，桃花开败梨花开。

初抓紧我肩膀，眼神里装满快要溢出的柔情，他说："我看到你的第一眼，就很想保护你！你的内心远没有你的表面强大。"他指指胸口的地方，"这里，太凉薄，太需要一个人来温暖你。"

我愣在那里，有种想哭的冲动。可我还是挣开他，"你不应该爱我。"

初有些受伤，"那应该爱谁？米兰吗？"

"哦，米兰。"在我转身时，她已经跑远。阳光下，她的背影那样萧索和悲凉。

一个月后，米兰妥协，答应出国。

我坐在她的对面，不知道说什么好。米兰先开了口，她说："初落在你身上的眼神让我想到了一个词，痛彻心扉。"

我握紧她的手，"可不可以不走？"

米兰笑，笑里有了忧伤，"也许得不到，就不会怕失去。"

她走的那个晚上，小乖在网上问我："你有没有爱过一个人？"

我没有回答，只是打了一句米兰说过的话给他："也许得不到，就不会怕失去。"

是啊，得不到，就不会怕失去。我想小乖应该明白。

梨花开败的时候，初来找我。

他变得清瘦，语气里有着酸涩，"不会连朋友也做不成吧？”

“怎么会？”我伸出手，“你和米兰都是我的朋友。永远都是。”

我在一家外资企业找了份工作，天天忙得人仰马翻。

初时常带了下午茶过来看我。分到吃喝的女同事无不打趣，“多好的男朋友，体贴又英俊！”

我夺了她们的吃食，恐吓道：“再胡说，小心以后没得吃！”她们乖乖闭嘴，我补充说：“他女朋友在国外读书！”

说完，在心里替自己解释，将来的女朋友，也是女朋友。

将这些说给米兰听时，她已经去了英国大半年。她给我打长长的电话，偶尔寄明信片，说那里的风土人情和金发碧眼的男生。电话挂断前，她幽幽地说道：“我还是没有办法忘记初。”

我在网上问小乖：“你有没有无法忘记的人？”

这一次，他没有回答我，直接下了线。

4

我开始疯狂地寻找小乖。给网上每一个认识的人发消息，通过种种途径找到论坛管理员，想获取小乖的个人信息，甚至跑到马路上问经过的人群：“你们认不认识小乖，那个有着薄嘴唇，大眼睛的男生？"

小乖消失了，像一年前他消失时一样。

我开始失眠，看到异常耀眼的白或者令人窒息的暗黑。小乖在梦的尽头声嘶力竭地问我："你为什么要背叛我？"

我惊醒，初看着满头大汗的我，说："你确定你爱小乖吗？"我木然地点头，脸上爬满了冰冷的泪。

"那他爱你吗？"

"我不知道，我真的不知道！就像不知道你为什么不爱米兰一样！"

我们对望着，眼神里都生出绝望。

"我给你讲个故事吧。一年前，热浪滚滚的午后，一个男生用力将一个女孩儿拉进怀里，在她耳边悲伤地说求你不要动，让我只抱一分钟，我妈妈刚去。她还来不及挣扎，另一个男生从角落里走出来，头也不回地走掉，任她哭倒在马路上。那个头也不回的男生是她男朋友，而这个男生是他最好的哥们儿。只是，他连解释的机会都不给她。"

"可是，那又怎样！"初握紧我的手腕，试图阻止我说下去。

我平静地看着他，听他说道："以前，我也养过一只叫小白的小猫。天天给它洗澡，陪它聊天，将去掉刺的鱼放到碗里，然后看它慢慢吃掉。偶尔会在天气好的时候带它出去，去看陌生的人群和熟悉的城市。"

是的，小乖也许就是那个男生，我曾经的朋友。在我不停地寻找他时，他注销了论坛上的号码，只剩下一段文字，他说我不配得到她，是我自卑，是我找人去试探她。最后，他说我只是害怕失去她。

彼时，我看着这行字，一下子哭得不可自抑。

他哪里知道，他最好的哥们儿，从一开始就喜欢我，他妈妈根本没有死，他是做了出戏给他看。那只是一出将计就计，故意让他误会的戏呀！

初放开我，"你就那么确定小乖是他吗？"

这一次，我摇头，默默走出屋，抬头仰望天空。小乖是谁？他可能是网站的编辑、送牛奶的大叔，也可能是米兰的表哥又或者其他人。茫茫人海里，他可以是任何人，也可能谁也不是。只是我再也找不到他。

如果这都不算爱

如果这都不算爱

小妖寂寂

1

高三这年，我和杜薇薇从学校的集体宿舍搬了出来，租住在西门附近的一套带小厨房的旧式公寓里。每天放学后，杜薇薇就会变着花样给我煮各种小米粥，去养我那个忌吃生冷硬的胃。杜薇薇说等我尝过了菜谱上介绍的九十九款爱心粥后，胃病就会好了。

我对此不以为然，但不可否认的是她厨艺还真不错。

杜薇薇是我的好姐妹，年长我半岁的她一直在照顾着我宠着我。我知道她和我一样快毕业了，我知道学业已经让她很累，可我从来都是心安理得的样子。

我甚至没心没肺到在凌晨五点的时候摇醒她，让她睡眼惺忪地爬起来给我做早餐。

但后来那碗色香味俱全的金瓜小米爱心粥我没有吃，趁杜薇薇洗漱的时候我偷偷打包好装进了书包里。是的，我要把它送给高三（1）班那个名字叫古书豪的男生，那个我活了十七年首次喜欢上的男生。

与古书豪的初见是在高三的开学典礼。

那天我和杜薇薇非常不合作地躲在班级队伍后面聊着天。台上学校领导们对着话筒口若悬河，台下我俩也不甘落后地滔滔不绝，正说得起劲时听见了轻微却刻意的咳嗽声。

我转过脸，看见了站在隔壁班队伍里的面色铁青的少年。

那就是古书豪了。彼时他穿着一套深蓝色阿迪达斯运动衣，笔挺地站在高三（1）班最后面，我看向他的时候他也在看着我，眼睛里流淌的是与我们这个年纪不相称的严肃。我被他的眼神震慑到，便偷偷扯了扯杜薇薇的衣服，乖乖地安静了下来。

却没料到，就因这一眼，从此少年住进了我的心里。

我纠结了好几天终于决定要借杜薇薇的一手好厨艺去向古书豪表达我的心意。

早读前我把装在保温盒里的小米粥和署了我名字的小纸条一并交到了他的手上，然后在他满脸的诧异里一言不发地落荒而逃。

回到教室，杜薇薇说我的脸红到耳根去了，她有点儿紧张地问我怎么回事，是不是身体不舒服。我摸着自己发烫的脸庞，居然笑起来，在杜薇薇疑惑的眼神里，我忍不住将笑容扩散扩散再扩散。原来幸福这么简单，就是与他站在伸手便能触到对方脸的距离里。

谢谢你的早餐，我向杜薇薇说道，语气里的真诚让她怔了一下。

2

在我试图第三次把小米粥偷偷装进书包的时候，杜薇薇终于撞见了我的秘密。

"你明知道自己的胃不好，还把早餐让给别人吃！"她似乎真的生气了，表情很严肃，我低下头去，像个做错事的孩子一样忽然不敢面对她。好一会儿，杜薇薇伸过手来拉我的衣袖，"好啦好啦，今天你就吃我这份，明天开始我再多做一份。"

我抬起头来有点儿不敢相信地看着她，"你说真的？"

"是，我上辈子欠了你的。"杜薇薇没好气地说，还轻轻敲了我额头一下。

在我坚持不懈地给古书豪送了整整一个星期的爱心早餐后，他终于跑过来找我了。我们站在教室外的走廊上，古书豪笑着说："粥很好吃，你做的吗？"我鼓起勇气看他的眼睛，心跳得快极了，扑通扑通的，如雷似鼓。我犹豫了一下，最终还是点了点头。

谢天谢地，从这一刻开始我和古书豪终于慢慢地熟稔起来。

有时候我会去看他打球，有时候他会请我吃糖，有时候我们会相约一起外出随便逛逛看看。嗯，没错，只有我们两个人，因为杜薇薇每次都拒绝我们的邀请。

杜薇薇只会躲在小公寓里给我煮新款的小米粥，她总是用一副宠溺的语气取笑我，说："照照镜子去，看看你那眼角眉梢的全是笑，一副昭然若揭的样子！"偶尔她也会正经地问我："你真有那么喜欢古书豪吗？"在我慎重地点头之后，杜薇薇端给我一碗新煮好的粥，恶狠狠地说不准影响学习，不然就不给我做好吃的了。

我撇撇嘴，我知道杜薇薇才不会不理我，她说过要给我煮九十九款爱心粥，她是个说到做到的人。而且她不单给我煮好吃的粥，她还会把省下来的零用钱给我。

因为哈根达斯很贵，我的钱不够。

我胃不好，是不能吃凉的东西的，更不用提雪糕什么的了。记得每一次在我偷吃冰淇淋之后，胃部都会剧烈抽痛，疼得我恨不能立刻死去。但是非常神奇，吃不得任何冰凉食品的我居然在偷尝了哈根达斯后没事，从此我便爱上了哈根达斯。

哈根达斯很贵，但再贵杜薇薇也会让我每个星期吃上两次。

3

我想如果没有古书豪，我高三的生活应该是贫瘠的吧，所有的时间都只能贡献给四四方方的教科书。所以能遇上古书豪是多么幸运的一件事情，虽然我们之间没有任何承诺，但只要能每天见到他，我便觉得快乐满足了。

而杜薇薇则一边在厨房里忙碌一边感慨，爱情的力量真是伟大啊，想当初不知是谁看见那些为了感情问题而期期艾艾的小女生时总表现出一副嗤之以鼻的样子……

南方的冬天来得较迟，但总归是一步一步地朝着我们走来了。

再看到杜薇薇提早一个小时从温暖的被窝里爬起来做早餐时，我内心忽然涌上了不忍的心疼的情绪，于是轻轻拉住了她说："杜薇薇，以后我们不要在家里吃早餐了，天气冷你可以多睡一会儿。"但她回过头来对我轻轻地笑，"外头的早餐你吃得了吗，谁不知道你这个胃，只有我才伺候得好。"

我只得松开了手，由她往厨房去。被窝外的温度低，我一把拉起棉被遮过脑袋，把表情连带那句没有说出口的话一并埋进了黑暗中。

杜薇薇，其实你没有义务对我这么好，真的没有义务啊。

很快又到了月底放假时间，杜薇薇一边收拾行李一边和我说着话，"你真的不回去吗，你都已经三个月没回家了，你爸很想你……"

"不回！"我粗鲁而冷漠地打断了杜薇薇，"你不要管我，你要回去就自个儿回去！"

女生却忽然赌气一样把刚装好的背包往地板上一扔，说，"我留下来陪你。"

这是好孩子杜薇薇第一次放假不回家，她要留下来陪我，但她怎么能料到第二天早上醒来时我就已经不在公寓里了。

那天我很晚才回住处，一开门，杜薇薇着急担忧的迎了上来。

"去哪里了？"她问。

"是不是见古书豪去了？"她再问。

我沉默着，终于点了点头。

杜薇薇接过我的外套，"玩了一整天吧，看你一脸疲惫样，下次别这么晚了。"她递给我一样东西，"这是我省下的车费，给你放着，留着明年夏天买哈根达斯吧。"

我很自然地接过了杜薇薇的钱放进裤兜里，眼前的女生，她怎么能知道我裤兜里有一张银行卡，账户里的金额足够我每天一杯哈根达斯吃上一年？她又怎么能知道这张银行卡在今天又存进去了两百块？嗯，她更不可能知道的是，我今天其实并没有去见古书豪，而是去做了一件已经做了三年的事情。

4

我和杜薇薇认识了三年，虽然偶尔也会闹点儿小脾气小别扭，甚至有冷战三天三夜的纪录，但我们从没有发生过剧烈的争吵。

但是这一天，我和杜薇薇之间的战争终于爆发了。

那是个大雨滂沱的夜晚，在不经意之间听到杜薇薇在房间讲的一个电话后，我的情绪彻底失控，伸手一扫把桌面上的小米粥打翻在地。我开始对杜薇薇吼，歇斯底里的，吼完之后不给她任何解释的时间，我摔门跑出公寓冲进了外面的夜幕中。

就在我不知道要往哪里而去的时候，我撞见了古书豪。

他把我拉到屋檐下，雨水顺着我的头发滴滴答答地往下跌，他问我这么晚了不打伞是要去哪。我说不出话，不知从何而来的勇气，居然就一头扎进他怀里痛哭起来。

等我哭累了，古书豪终于伸手帮我擦掉脸上的泪，我看见他眼睛里的温柔。后来他什么也不问，就只拉起我冰凉的手，把我送回了小公寓，送回到杜薇薇跟前。杜薇薇也正在哭，她的哭泣没有声音，只能看见泪水在她脸上蜿蜒成两道源源不断的小溪流。没有见过这样的杜薇薇的我手足无措地站着。

古书豪拿过纸巾筒塞到杜薇薇的手里，然后把我拉到浴室，给我放了洗澡水。

等我洗好澡出来时，古书豪已经走了。

杜薇薇跪在地上做着清洁，我打翻的那碗粥洒了满满一地。我静静地看着她低头用毛巾擦地板，不时会有透明的液体从她脸上滑落，掉在刚擦干净的地砖上面。我走到她旁边蹲了下去，轻轻地第一次拥抱了她。

我想跟她说，杜薇薇，对不起。我又想跟她说，杜薇薇，谢谢你。

可最终我什么都没说，我无声地拥抱着她，我们的眼泪流到了一块儿。

5

我没想到那个雨夜会是我最后一次见到古书豪。

是的，古书豪突然转学走了，一句话也没给我留下。路过高三（1）班时，我看见原本属于他的那个座位空着，仿佛他从来没有出现过。

我的心像缺了道口子，走在路上时总会有风刮进来，凉飕飕的比胃疼还要让人难过。杜薇薇的眼睛也开始常常是红的，她一副欲言又止的样子，我猜她这样是因为不知要对我说什么好，就像我也不知道能对她说什么好一样。

终于有一天，杜薇薇将两张请假条拍在我面前的书桌上说，"走，我带你去找他。"

我抬起头来看着她，"你知道他在哪里？"

我和杜薇薇真的来到了三百公里外这个陌生的城市里。我不知道杜薇薇是怎么联系上古书豪的，但她信誓旦旦和我说古书豪会出来见我。我和杜薇薇在陌生的街道上来来回回地踱着步，但直到整个城市都陷入睡眠，古书豪都没有出现。最后我捂着肚子扶着路灯柱蹲了下去，胃部突然传来的剧烈疼痛让我蜷缩成一团开始细声啜泣。

杜薇薇也跟着哭了，她说，"这个城市有那么多的房子，可是为什么没有一套是我的？如果我在这个城市有个家多好，那样我就可以带你回去了。"

我把她的手攥得很紧，我说，"我们现在打车去找旅馆住，明天我们买票回家。"

旅馆的条件很不好，一张破旧的木板床，隔壁工地夜间工作的声音吵得我们根本没有办法入睡。我和杜薇薇靠在一起聊天，她问我是不是真的甘心就这样离开。

我没有说话。她握住我手说，"我不会让你这样失望地回去的。"

我把头枕在杜薇薇肩窝上，说，"姐，谢谢你。"

是的，杜薇薇是我的姐姐，三年前我爸不顾我的强烈反对娶了她妈。杜薇薇跟着她妈妈进了我们的家门后，她拉着我的手说，从今以后她就是我的亲姐姐了。我表面上没说什么，可我的心里其实不领情。在学校我们好像姐妹一样，因为我的胃依赖她，可是回到家里我却从来都不愿意搭理她，甚至有时还会对她恶语相向。

可是杜薇薇是那么好的一个姐姐，她从来不怨我，她无微不至地照顾我。

所以我决定，我要为杜薇薇做些什么。

6

从旅馆的木板床上醒来的第二天，我独自一人坐了四个小时的班车回到了学校旁的小公寓。我把与古书豪相见的机会留给了杜薇薇。

杜薇薇怎么会想到，那天夜里她睡着后，我拿了她的手机，看到了古书豪的短信。

在短信里，古书豪说他不想见我，他努力了很久都没法喜欢上我。古书豪说，"薇薇我知道你很爱这个妹妹，可是爱她不等于什么都要让给她啊。"我在看到这些短信的时候有点儿想哭，又有点儿想笑，也还有一点点难堪。后来我给古书豪编写了很长很长的短信发过去，最后我告诉他我回去了，而杜薇薇还在旅馆。

其实我早知道古书豪喜欢的不是我。

那天晚上我被他拉到浴室后发现忘记拿换洗衣物了，便准备回房间去取，然后就听见了两人在厨房里的对话。

古书豪和杜薇薇，原来竟是一起长大的青梅竹马，我是杜薇薇努力讨好的"妹妹"，为了她，他愿意委屈自己来努力喜欢我。

这让人措手不及的真相，带给我子弹穿膛而过的疼痛，我蹲在地上几乎不能言语的时候，我听见杜薇薇说，"古书豪你忘记我吧，我念完高三就不念了，你要代替我陪着我最爱的妹妹去北京念大学，你要代替我守护在她身边……"

杜薇薇的话让我内心一阵一阵的敲锣打鼓，后来我躲在浴室给家里打了电话，把事情都弄清楚后扭开水龙头，在哗啦啦的水声掩盖下我用尽了力气哭出声来。

7

我们家并不富裕。

在杜薇薇她们刚住进来不久，我就无意中听到我爸和杜薇薇她妈在商量说恐怕以后无法同时供两个孩子念大学。所以早在三年前，我就偷偷藏了个小心思，我拿了户口本去为自己办了一张银行卡，我和自己说我要自己存钱读书。因为我早已经认定自己会输给杜薇薇，她不但比我漂亮，还比我聪明，比我乖巧，比我懂事。

这三年来，我抓住学校的每一次放假时间，去做各种各样的兼职赚钱。其实我也并不爱吃哈根达斯，我只是希望把杜薇薇的零用钱骗过来……

那个让我崩溃的雨夜，是因为我从杜薇薇与我爸的免提通话里听到爸爸亲口说杜薇薇成绩比我好，要让杜薇薇念大学。可是我当时没有听到杜薇薇的回答就走开了，所以我不知道的是杜薇薇从来都没有想过自己要念大学——她早已在去世了的她亲生父亲的墓前发过誓，她不会抢走我的任何东西。

杜薇薇是这么说的，也是这么做的。

就拿古书豪这件事来说吧，就因为我喜欢他，所以她一直隐忍着不肯告诉我他们的关系，更不会提她对他的感情。这些年来，她为了迁就我，已经忍受了太多太多。

在写这篇文字的时候，我一度泪水四溅，不知道是对自己过去的凉薄无知感到愧疚，还是为杜薇薇而感到心痛。但我可以确定的是，一个杜薇薇对我的意义，是十个古书豪都比不上的，所以我决定不再喜欢他了。

这样说来，故事的结局还是不错的，我和杜薇薇终于成了一对好姐妹。我们可以一起上大学，在青春前行的路上相互陪伴着。

而我也相信在未来，总会有一个属于我的古书豪在等着我。

这样说来，故事的结局还是不错的，

故事可以结束，可是，爱不会！

我和老邓的诗意人生

清水亲肤

1

十四岁的某一段时期，我很喜欢独处。我养了一株蝴蝶兰和一条燕尾草金鱼，它们都是我的朋友。

春天的上午，我坐在小书桌前削铅笔，铅笔被一支一支地排放整齐，像一架五颜六色的桥。玻璃窗开着，暖暖的阳光投射在桌子一角，窗帘被清风吹动，悠悠荡荡。

老邓在厨房里修水管，他大声叫我帮他拿储物柜里的大扳手。大扳手很脏，触感冰凉，我懒得再摸第二下。老邓边拆水管边扭头冲我笑，"周末你不去找小芽玩啊？"

罗小芽是我最好的朋友。她几乎每个周末都会来我家和我一起写作业，看电视，吃老邓炸的鸡肉丸子。

老邓炸的鸡肉丸子好吃得不得了，酥香鲜嫩。我和小芽一个下午能吃掉一大碗。小芽说她很羡慕我，羡慕我有老邓这样的爸爸，从来不问我学习的事，还总想着法子给我做好吃的。老邓当然也有一颗望女成凤的心，只不过他了解我，好胜心强，不甘落于人后，所以他才没有给额外的压力。

　　"我一大堆作业等着，哪有空玩。"我心虚地低下头。

　　我表现出的好学上进总能令老邓感到无比欣慰，他不由得哼起了小调。我从菜筐里拿了一个大番茄，闪身回卧室，握着铅笔画杂志上的插图。

　　我和罗小芽已经有两个星期不说话了。她不约我一起上厕所，我也不等她一起回家。我们的决裂令我情绪低落。

　　这一切都与老邓有关。

2

　　七岁的时候，我就知道老邓不是我亲爸，这是比我大三岁的表哥告诉我的。表哥得意扬扬的样子把我气够呛。我去问老邓，老邓一开始没承认。直到我为了报复，抓破了表哥的脸，表哥哭着找老邓伸张正义，真相才彻底大白。老邓说就算没有血缘，我也是他亲闺女。

我当时懵懵懂懂，也因为年纪小，睡了一觉后我就把这事彻底忘在了脑后，继续跟在表哥身后到处疯玩。

我没觉得这件事有多么重要。爸就是爸，难道爸和爸还有什么不同。老邓每天接送我上下学，周末陪我到新华书店看书，我盘腿坐在地上，他蹲在我旁边。我不高兴时会跟他哭鼻子，他生气时也会训我。我们分明就是很正常很普通的一对父女。

可总有人拿血缘说事。

表哥之后是同桌。同桌是比我瘦小很多的女生，有一天，她神秘兮兮地问我："邓嘉嘉，你爸真的不是你亲爸吗？你怎么也没有妈呀？"

那个时候我已经十岁了，是个很厉害的女生，会吵架还会打架。人人都说老邓把我惯坏了。我没有和那个女生吵，当然也没有因此和她打架，我只是狠狠地瞪了她一眼，她就老实了。我不喜欢别人说老邓不是我亲爸。

但没有妈这个事我也很疑惑。我回家问老邓为什么不给我娶个妈？老邓竟然显得有些羞涩。

不久后，老邓领回来一个女人，是他同事给介绍的。老邓让我管她叫王阿姨。王阿姨在厨房跟老邓说，她希望尽早结婚给老邓生个自己的孩子。

那天以后，王阿姨就没有再来过了。老邓说他俩不合适。

3

作为我最好的朋友，罗小芽知道我所有的事情。我以为她和别人不同，她会明白我对老邓的感情，她会理所当然、顺理成章地认为我和老邓跟她和她爸是一样的，是不需要特别说明的。可是没有，她问我："嘉嘉，你都不知道自己的亲生父母是谁会不会很难过？"她还说："养父毕竟是养父，你将来长大了应该去找找自己的家人。"她很认真，一副为我着想的样子。她确实在为我着想，可是她的话却让我的心猛地一疼。

那天我回到家看到老邓，难过得只想哭。我要怎样才能让别人明白，我和老邓确实没有血缘关系，但他确实是我亲爸。

第二天，我打算认真地和罗小芽聊聊，希望她再也不要在我面前说那样的话，我不希望因为这事影响我们的关系。

午休时，我在小卖部买了两袋酸奶和两袋麦丽素，是我和罗小芽都喜欢的零食。

刚走到教室门口，我就听到班里一个女生对罗小芽说："你干吗总和邓嘉嘉混在一起啊。她那么小气，过生日都不舍得请班里同学去唱一次KTV。"

"呵呵，是啊。她是有点儿小气。不过也是因为她家

如果这都不算爱

经济状况不好。她爸是开出租的。"是罗小芽的声音。

"怪不得呢。她爸看上去也真的不像什么有本事的人。"说的人很认真，声音里没有透出明显的轻蔑和嘲笑，但优越感却是怎么也藏不住。

罗小芽又附和着呵呵笑了两声。

我跨进教室的那一刻，周遭静谧。我能感觉到罗小芽在看我，但我没有心情理她。我为老邓感到难过。老邓很喜欢罗小芽，说她聪明可爱。老邓知道我没什么朋友，罗小芽一来找我玩他就高兴。

4

老邓开着出租车来接我，看到罗小芽就招呼她上车，顺道送她。我合上车窗对老邓说："她爸爸会开车来接她的。"

老邓呵呵地笑了，"看样子你们闹别扭了。"

"她是有钱人家的孩子，我们本来就玩不到一块儿。"我没好气地说。

"需要钱爸给你，交朋友该花的钱就花。"老邓很大方地说。

我看看老邓车里放着的方便面和矿泉水，眼睛就有些模糊了。老邓很少准点吃饭，饿了就先啃几口方便面。我问老邓他这些年都不结婚是不是因为他没钱，别人不肯嫁给他。

老邓哈哈笑起来，"你爸我是有女朋友的人。"

老邓的女朋友也姓王，四十岁，是个会计，有一个女儿和我一样大。王阿姨来我家的那天给我带了一套漫画书。据说是参考了老邓和她女儿的意见。

老邓和王阿姨在厨房做饭的时候，罗小芽来了。我准备领她到我的房间，她却在客厅站住了，一脸歉疚地对我说："嘉嘉，对不起，那天我不是有意的……我一向不太好意思反驳她们……"

我还没来得及说话，老邓就从厨房出来了，笑容满面地对罗小芽说："今天来是不是想吃叔叔炸的鸡肉丸子啊？我和你阿姨还真做了不少好吃的。"

罗小芽的脸有些红了，我猜她是因为被老邓拆穿而感到不好意思。

5

我十五岁生日的那天，老邓坚持要在家请客。他托罗小芽邀请了班里的一部分同学。那天我家小小的客厅变得很拥挤，老邓跑来跑去地给我们拿吃的喝的。然后就钻进厨房忙活着煎炒烹炸。

我四五岁的时候不爱吃饭，老邓怕我饿坏了影响身体，就天天研究怎么把饭做得美味可口。所以对于老邓的厨艺我非常有信心。事实上也真的把他们给震了。他们看着老邓端上来的烤鸡脆骨和蛋黄铁板虾惊呼："邓嘉嘉，你爸真厉害！"

老邓领着我们玩游戏，一只蛤蟆掉水里，扑通，扑通扑通，扑通扑通扑通……到了第十个人就要说十个扑通。谁说错谁就唱歌。老邓总说错，他拿根筷子当麦克风给我们唱"看见蟑螂我不怕不怕啦""我不上不上，我不上你的当"，唱得乱七八糟，我们笑得东倒西歪。

他们又惊呼："邓嘉嘉，你爸真有趣。"

我很得意，这我早就知道。

那之后来我家玩的同学就多了起来。人一多老邓就特别开心。我看着老邓想，王阿姨会喜欢他这样吗，像个老小孩儿。

我问王阿姨喜欢我爸哪点，王阿姨笑眯眯地说："你爸是个文化人啊，有思想，会念很多诗呢。"

呃，我听着只觉得怪不好意思的。

6

我问老邓我到底是从哪里来的。我说我只是问问，不会离开他，永远不会。老邓嘿嘿地笑，他说他知道。

老邓从部队转业回来已经三十岁了，没有钱，也没啥技能，就去给人家开车拉货。有一年冬天他去甘肃拉货，路上遇到一个女人拦车，说急着送孩子到医院。车开到半路女人说要去厕所，把孩子放在老邓怀里就下车了。老邓抱着孩子等到天黑女人也没回来。

老邓在女人的包裹里发现了一封信，女人说被未婚夫抛弃，家人也与她决裂了，她没能力养活孩子，只能将孩子托付给好心人。谁养大了孩子谁就是孩子的亲人，她一辈子不会和孩子相认。

同行的人劝老邓将孩子转送给别人，他还没结婚就带着个拖油瓶，没有姑娘肯嫁他。老邓不肯，他说这孩子和他有缘。

老邓说到这儿，就咧着嘴笑了，"幸亏我当时抱你回来。有我闺女，我活得开心有奔头。"

我心里一酸，有点儿想哭，赶紧转移话题，"爸，王阿姨说婚礼上要让你给她念诗，你是不是得提前练习练习啊。你要不先念给我听听？"

老邓二话不说，就背着手念起来，"一月，世界一片温暖的漆黑；二月，我的裙子上开满嫩嫩的鹅黄色小花；三月，枝叶藤蔓茂盛，空气鲜绿而可口……"

我怔住了，这是我从书上抄下来贴在桌角的诗，我喜欢的诗。我的心思老邓都懂。

我和他一起念："在你的怀里，做一只井底的小青蛙没什么不好。小青蛙很快乐，井也很快乐，那井口一片圆圆的，流动不停的天空，也很快乐。"

　　"我无法告诉你，我多么热爱这一种美好。我只能说：但愿这就是世界。"

　　我学着老邓的样子咧着嘴对他笑。我想等老邓老了，走不动了，我就陪着他坐在阳台上，边晒太阳，边念诗给他听。

没有爱情会比时光长

闻人晴

1

纪小悠是班里的一朵奇葩，所有的同学都这么认为。

如果只看长相的话，她还勉强可以被称作可爱漂亮。可悲哀的是，她的一言一行完全暴露了她火星人的气质。

她对于昆虫和便便有着近乎偏执的热爱，那些看了让我这个男生直起鸡皮疙瘩的毛虫和蚰蜒，她都敢抓在手里，还到处给人看。而在大伙聚在一起吃午饭的时候，她总是谈论各种动物的便便，弄得大家都食欲不振，只有她像个没事人一样该吃吃该喝喝。

像她这样的人被孤立只是时间的问题，从小学到高中我都跟她同班，最多一个星期，她身边的朋友就忍受不了她了。

我跟她关系不算好，顶多就是同班同学，可难以置信的是，这些年我一直都在偷偷地观察她，并以此为乐。不过要让我和她那样的人交朋友的话，是完全不可能的。

上午第二节课，她再一次被老师请到了门外，理由是把前桌的张玲玲弄哭了。她一脸无所谓地走了出去，完全不在乎的样子。也对，像罚站这样的小儿科对她来说根本不算什么。

有时候我觉得她很可怜，从小到大都没什么朋友，老师也不喜欢她，班级有什么活动都是自己一个人孤零零的。

不过可怜之人必有可恨之处。更多时候我觉得她像一个不知道分寸的小孩儿，做事情完全不考虑后果，做错了事也不知道反省。就像上节课她把癞蛤蟆放进张玲玲的书桌里，万一人家被吓出什么事来怎么办，她担得起责任吗？真怀疑她的脑袋是怎么长的。

除了对她的鄙夷和偶尔的怜悯之外，我对她就没有什么其他的感情了，现在的我是这么认为的。

2

我没想到这世界上居然还有愿意和纪小悠做朋友的正常人。

他叫易清晨，是最近刚刚转学过来的转校生。长得还不错，至少班上大半女生的注意力都从我的身上转移到他那边去了。

纪小悠那样的奇葩想不引人注目都难，在女生们想办法接近易清晨的时候，纪小悠送给了他一份"重量级"的礼物——一只大花公鸡。

也不知道她是从哪抓来的，早自习来的时候就见到易清晨的座位上有一只大公鸡，还打鸣呢！

出人意料的是，易清晨没表现出一点儿反感或是不高兴的样子，反而开心地收下了这份"重礼"。这不仅让其他同学愣了，连纪小悠本人都没料到。

看她一副意外的表情，我就知道她根本就不是想送什么"礼物"，倒像是想整整易清晨的样子。

我为什么会这么清楚？那还用说！从小学一年级到高中，我观察了纪小悠将近十年的时间，她那点儿小心思还能瞒得了我？

但是有一点我始终不明白，就是她好像故意做出那些令人讨厌的事，根本就没有真正想和别人交朋友的意思。

所以易清晨的友好让她无所适从。

于是从那以后，班里就每天上演一出你追我赶的好戏。比如说现在——

"小悠，今天中午一起吃饭吧！"易清晨一脸笑容地问刚进班级的纪小悠。

"……呃，今天中午我回家吃饭。"

"咦？可你手里拿的不是便当吗？"

"这个……是我课间吃的……"

看到这一幕我觉得易清晨简直太死缠烂打了，纪小悠都表现得那么明显了他还装傻，还有，他有毛病吗？干吗没事非缠着纪小悠那个火星人啊？该不会有什么企图吧？

可是，奇怪啊！我干吗要为纪小悠的事紧张兮兮的？难不成我也有毛病了？

3

如果问我为什么会和纪小悠扯上关系，与其说我热血正义，倒不如说我是被易清晨刺激的。

那天放学后我和朋友打篮球，打完已经放学很久了。回班级拿书包的时候，没想到易清晨还在。

"你可终于回来了，大帅哥。"他背对着我语气十分怪异。

我有点儿诧异，"你在跟我说话？"

他转过身来，笑道："这里除了你还有别人吗？"他说话的语气让我很不舒服，我皱了皱眉，问他："你想说什么？"

"没什么，我就是好奇为什么纪小悠会喜欢你这种人。"

纪小悠喜欢我？我的第一反应是该不会我偷偷观察她的事被发现了吧？我受到的惊吓程度不亚于小时候以为彗星会撞到地球。天知道我有多怕和纪小悠那样的人扯上关系，因为那意味着我的生活将远离安静祥和。

可事实却是我听到这个惊天地泣鬼神的消息没有多久，我就主动招惹了她……准确地说应该是救了她才对。

那天我还处在知道纪小悠喜欢我的震惊中，虽然不知道易清晨是怎么知道的，不过看他的样子不像在骗我。

正在我满脑子混乱的时候，听到巷子里传来了十分杂乱的声音，我好奇地走近一瞧，居然是纪小悠和一群小太妹在打架。

这事本来跟我一毛钱的关系都没有，可我却脑子抽风冲了过去，女生之间的打架对于男生来说是小儿科，所以我很轻易地就救下了纪小悠。

从那以后她就缠上了我，总是时不时地给我不同程度的"惊喜"和那些她认为很有分量的"礼物"。

考虑到她也是个女生，开始的时候我还是委婉地拒绝，可后来，在我目睹了班主任把她劈头盖脸一顿臭骂她还跟啥事没有的时候，我才明白，原来她那人根本就不知脸皮为何物。

现在想想我当时为什么要救她呢？她皮糙肉厚的，让人揍一顿估计也没什么影响。

4

易清晨一如既往地缠着纪小悠，而纪小悠的态度也发生了一些微妙的转变，这点让我很火大。

回到座位，我发现抽屉里有一张被各种颜料涂得乱七八糟的废纸，不用想，肯定又是纪小悠送给我的"抽象画"。

像这种废纸我已经收过不下十次了，我真怀疑她是不是把我的抽屉当成废纸回收站了。我知道此时纪小悠正在某处偷偷地看着我，所以我故意把画揉成一团，以完美的抛物线丢进了垃圾桶。

这点儿小事对她来说根本算不了什么，我清楚得很。纪小悠的脸皮已经练到刀枪不入百毒不侵了，如果这点儿小事就能打击到她的话她就不是纪小悠了。

但这一次，我，错了！我忘记了至关重要的一点，就是她喜欢我。

她低着头默默地走到垃圾桶旁边，把那幅画捡了出来，然后回到了座位。她低着头，我看不清她的表情，可我却前所未有地慌乱，一直以来，我看到的纪小悠无论对什么都是一副满不在乎的样子，我就下意识地认为，她真的什么也不在乎。

可现在，她脸上是怎样的表情呢？伤心？失落？还是愤怒？我刚刚那样做是不是在践踏她的感情？

浓浓的愧疚感袭来，我该不该向她道个歉？

正在我纠结的时候，易清晨的声音传了过来，"小悠，你怎么哭了？"

我心里一紧，立刻朝着她那边看去，只见她缓缓地抬起头，一脸奸笑道："你眼睛进屎了？你哪只眼睛看出来我哭了？"

我刹那间松了一口气。看吧，我就说她对便便有偏执的热爱吧！也对，她那种人怎么会哭呢？虽然这样说服着自己，可心里的不舒服却一点儿都没有减少。

她真的一点儿感觉都没有吗？不管别人怎么对待她，被人讨厌，被人孤立，她真的不会难过吗？我开始好奇了，到底纪小悠心里是怎么想的。

很快我就发现那天的事纪小悠不是完全不在意的，因为从那天以后她再也没送过我"礼物"。可我没有如愿以偿地乐得清静，反倒是心里更加忐忑了。

果然我那样的举动还是伤害到她了吧？我想了很久，在我们眼里她是奇葩，是火星人，所以我不能以常人做参照物来揣摩她。她的想法和做法都比较特立独行，所以或许她不是没有感情，只是她的表达方式和我们不一样。

可她为什么会喜欢我呢？我这人正常得不能再正常了，平时也不喜欢出风头，除了长得比较顺眼点儿之外也没什么别的特点了。

直觉认为纪小悠不是那种以貌取人的人，她到底喜欢我什么呢？

5

这几天，纪小悠变本加厉地顽劣了，连老师都敢整，照这样下去，她非被退学了不可。

好不容易熬到放学，可纪小悠逃课出去玩还没回来。易清晨急得上蹿下跳抓耳挠腮，一刻也停不下来。

我想了想，还是开口问道："那天……你说纪小悠喜欢我，你怎么知道？"

"啊？"他一愣，反应过来我在说什么之后叹息道："其实，那天我偷看了她的日记……里面写的都是关于你的事。"

那一刻，我说不清心里到底是什么感觉。

易清晨后来跟我说了很多，他说他能理解纪小悠，她那样不过是被遗弃久了故意想让人讨厌她，才不至于被人遗忘。

他还说他感觉到纪小悠不是不想跟别人相处，而是根本就不会。那样的她让人看了很心疼。

听易清晨在我面前诉说他对纪小悠的感觉，我心里那股不舒服劲儿又拽被了起来，之前的那一点点现在被放大，再放大，酸酸的，还有点儿不安。

"不过后来她跟我说了，关于你的事……"易清晨话锋一转，接着说，"可能你不记得了，她说小学的美术课上，你是唯一一个帮她的人。"

小学的美术课……我完全没有印象了。可是在我的记忆里，我一直偷偷地关注着纪小悠，和她有关的事我肯定沾不上边，更别提帮她了。

"总之，我是不会输给你的！"易清晨指着我，对我宣战道。

我没有说话，努力地从脑海中寻找着有关小学美术课的信息。然后，纪小悠回来了，她还是一脸轻快的表情，我看了就火大，想要朋友就说啊！装出一副不在乎的样子给谁看啊？

她看都没看我一眼，只招呼了易清晨一声，他们两个就一起走了。我心里那种不舒服的感觉又升了起来，不过和刚刚不太一样，酸味好像更浓了些。

难不成……我是在吃醋？

6

入睡之前，我终于想到了一件事，很有可能是纪小悠说的那件。

那时候我们班的美术作业有一份涂得乱七八糟的画，班里的同学都说是废纸，只有我说那是抽象画，非常了不起的一种画风。

画上没有写名字，我完全没想到那幅画是纪小悠画的。其实那时候的我也只是想卖弄一下，那也是我从小到大仅有的那么一次出风头。

想想前些天纪小悠送我的那些"抽象画"，我终于明白那是什么意思了。不过现在记起来也没什么用了，她已经不喜欢我了。

我也不明白我心里的失落感从何而来，可不得不承认的是，在得知纪小悠喜欢我的时候，我也是稍微有一点儿欣喜的。

都怪那个易清晨，说什么能理解她，不会让她孤单一个人，他以为他是谁啊？是纪小悠她爸还是她哥？

比起了解纪小悠，谁能比我更了解？十年来我的视线一直都没有离开过她！我凭什么要认输？

振作起来之后，我正式向易清晨宣战。纪小悠也在场，我说出了我心里的想法，说出了我对纪小悠的感情。

纪小悠听完之后挑了挑眉，问道："你的意思是想跟易清晨竞争？"她的语气很随意，我却觉得四面八方的空气把我压得喘不过气来。

我点了点头回答道："没错。"

听我说完，她沉思了片刻，既没有欣喜，也没有鄙夷或是嘲讽的神色。她眨了眨眼，天真无邪道："那你们两个比赛吧！"

没错，纪小悠是火星人，因为她让我们比赛的项目都是非人类的项目，比如说比赛憋气，谁更能吃辣，捉蝗虫，甚至还有钻木取火……

总之我跟易清晨一共比了十七场，每一场都引来了无数人围观，我的脸都丢到姥姥家去了，不过既然我决定向易清晨宣战了，就不会在乎这些。

最终的结果是我胜九局易清晨胜八局，我胜。虽然我赢了比赛，但我丝毫没有放松，毕竟纪小悠不同于寻常人，万一她来一句赢得少的人算胜，我也没办法。

好在她没这么缺德，她乐呵呵地走到我面前，说道："恭喜你赢得了一次给我买好吃的的机会！"

看吧！我就知道没这么简单。不过至少现在她不会对我视而不见了，凭我十年来对她的了解，追到纪小悠是迟早的事。

不能说的秘密

陌 忆

这是你的笔吧

苏尘早上刚到教室便看到桌子上被贴满了密密麻麻的便利贴。凑近了看一眼，无外乎是一些骂人的话，还有一张用红笔大咧咧地写着"离安言远一点儿"。

直到上课，苏尘既不拉椅子坐下也没有撕掉满桌子的便利贴，班主任都进班点名了苏尘还是抱着书包一动不动地站着。

"苏尘，你怎么回事？"班主任一向看她不顺眼，此时的声音也比往常尖利了几分。

"老师，我的桌子被贴满了乱七八糟的东西。"苏尘垂着头，声音低低的，像是受了很大的委屈。

"谁做的？"班主任厉声问道。

班里一时喧闹得像是一锅沸腾的水，大家议论纷纷，然后有个声音叫道："是林雨辰吧……"

大家的目光一下子就向第三组第四排的一个女生聚拢了过去。那个女生在全班同学的注视下无所遁形，那是一种难以言喻的尴尬，她却镇定自若地说："不是我！"

"老师，林雨辰可是班长，她怎么会做这种事？别是有人栽赃陷害！"某同学一语双关。喜欢热闹的看客们又把目光转到了苏尘身上。

相比之下，苏尘比林雨辰淡定多了，她什么话都没说，把便利贴撕掉捏在手里，然后从桌兜里拿出一支红笔，走到林雨辰桌边放下，"这是你的吧？"

林雨辰的眼睛一下子瞪得老大。这支笔是她爸爸从英国带回来送给她的礼物。

"苏尘，你……"

"好了，都给我安静。林雨辰，下课来我办公室一趟。"

林雨辰恨恨地看了苏尘一眼，苏尘回了她一个甜甜的笑容。

整节课过得索然无味。苏尘在课桌下玩着手机游戏。想了想，把屏幕切换到通讯录，按了一个号码发短信：我饿了。

直到下课她才接到一条回复：我去食堂买你喜欢吃的

如果这都不算爱

蒸饺。

因为我喜欢你

林雨辰从办公室出来后直奔苏尘的座位，平日温婉柔顺众星捧月般被羡慕环绕的女孩儿此时变得咄咄逼人。她双手用力往桌上一挥，苏尘的课本就全部掉在了地上，发出沉闷的声响。

"苏尘，我是不会跟你道歉的！这事儿是谁做的大家心知肚明！"

苏尘垂下眼，余光瞥见一个熟悉的身影正从窗口经过。她咬着唇，一言不发地蹲下身，捡起地上的书本。

林雨辰怒极反笑，"别装了苏尘，你这个无辜的样子实在让人觉得恶心。"苏尘手一顿，微仰头，嘴角不易察觉闪过一丝冷笑。林雨辰脸色微微一变，然后就看到有人拉起苏尘。她顺着那双修长的手往上望，果不其然，一场狗血戏就是要天时地利人和。

"走吧。"安言拉着苏尘的手，把她捡起的书放在课桌上，又晃了晃手上的袋子，"你要的蒸饺，我们去外面吃，这里空气不好。"

苏尘抬头望着眼前的少年，眉眼清亮，一双漆黑深邃的眼睛流光溢彩。

林雨辰在看到安言出现的这一刻就知道她不用再跟苏

尘斗下去了，不管是谁颠倒黑白，只要对方是苏尘，他总是无条件地相信和包容她。

爱情会让人盲目，可还是有很多人为了它飞蛾扑火。而她林雨辰，就是这只傻飞蛾。因为她，喜欢安言。

"你别信她。"安言经过她身旁时，听见林雨辰低低的声音。他侧头，淡淡地说了一句，"谁不信她都没关系，我信她就行了。"

天空万里无云，一片蔚蓝，和煦的微风扑面而来。苏尘倒退着走在安言前面，一边往嘴里塞蒸饺，一边笑意盈盈问道："你猜，林雨辰等下会不会跑到你妈面前告你一状？说你胳膊肘老喜欢往外拐，好歹你们俩也是一起长大的。"

"苏尘，你别怪她。她小时候被宠坏了，难免会有些任性。"

"嗯，我们曾经也是挺好的朋友。"苏尘转身朝前迈了几步，而后又偏过头道，"你为什么就那么笃定地相信我？"

"因为我喜欢你。"

少年站在逆光的位置，柔软的发因为阳光的折射变成碎金色，凝视着她的眼睛像是磨了许久的墨，又像是泛着光芒的金色珠砾，嘴角的微笑与洒在他脸上的阳光交相辉映。

苏尘微微眯起眼，这阳光，真够刺眼的呢。

"好答案。最后一个蒸饺赏你。铃响，朕要上朝了，

如果这都不算爱

爱卿跪安吧。"

安言走近，伸手就在苏尘头上敲了一下。然后说道："这叫礼尚往来！"

苏尘嘟囔了一声"小气鬼"就跑开了。安言站在原地看着边跑还不忘转头对他扮鬼脸的女孩儿，微微有些失神。

他刚才差点儿就要跟她说，因为我喜欢你，所以就算是你错了……我也愿意将错就错。

认识你，是我这辈子最大的不幸

苏尘和林雨辰关系不好全班同学都知道。据局外人分析，这无疑是一场恶俗又狗血的晚间八点档肥皂剧。情节大概就是原女一号与男一号青梅竹马，两小无猜，可半路杀出了苏尘这个程咬金，她不负众望地让原女一号和男一号背道而驰，从此萧郎是路人。再然后，就是情敌见面分外眼红，又同在一个教室上课，常见面是不可避免的，更是给这段微妙的关系创造了一个良好的演绎空间。

"便利贴事件"没过多久，又有怪事发生，不过这一次的对象换成了林雨辰。

一天上课，林雨辰把手伸进桌兜里准备拿课本，结果摸到一个软乎乎的东西，吓得她一个激灵，下意识就把东西往外丢。一个同学看到后，"啊"的一声，连忙站起来躲开。一时间教室乱成一团，苏尘往后看，林雨辰死死地盯着地上的某一处，然后又猛地抬头看向苏尘。苏尘握着圆珠笔的手一顿，隔着几个人的视线，她仍然能感受到林雨辰望向她的目光，充满深深的恨意。

"是死老鼠啊！"

"天呀，这也太恶心了吧！"

"昨晚是谁最后离开教室的？"

"负责关门的值日生吧……昨晚的值日生是……"

如果此刻是站在某个颁奖典礼上，苏尘想她无疑是中了最佳演员奖——全班的目光就像聚光灯一样，齐刷刷地射向她，只差鼓掌和有人拥抱她说"恭喜你得奖"了。

但苏尘依旧面不改色，林雨辰的双手握成拳又松开。眼眶陡然一红，声音也变得有些哽咽，"老师，我得去洗个手。"

"苏尘，就算要为自己讨回一口气，也不必用这种下三滥的手段吧？真叫人倒胃口。"林雨辰的好友义愤填膺。

"你们到底是不是来上课的？"班主任终于发飙了，"个人的恩怨拜托你们私下去解决，不要耽误其他同学的时间！"

全班同学终于在班主任的怒吼声中安静了下来，不过依然可以听到一些同学的窃窃私语。苏尘偏头看着林雨辰的课桌，微微出神，而后呢喃了一句，"真是见鬼了。"

苏尘知道不管这事跟她有没有关系，林雨辰是不会就这么算了的。果然，放学后她刚踏进厕所，一瓢水就劈头盖脸迎面而来，浇了她一个措手不及。

苏尘没有任何防备，所以全身都被浇得湿淋淋的。水滴顺着额前的碎发滑落，浸湿了她的眼睛、唇角。苏尘用手指捋了捋额前粘在一块的发丝，似开玩笑地问道："这些水应该是干净的吧？"

"干净的水浇在你身上也太浪费了！"林雨辰打开水龙头，洗了洗手又从口袋里拿出纸巾擦了擦，然后递一张在苏尘面前，"擦擦脸上的水渍吧，这个样子被安言看到他会心疼的。"

苏尘看着那张白色纸巾在林雨辰指间摇摇欲坠，垂在身侧的手指头动了动，刚要抬手接过，那张纸巾已经脱离了林雨辰的手指，像一只白色的蝴蝶，以缓慢绝美的姿态轻轻坠落，浸在潮湿的瓷砖上，渐渐浓缩成皱巴巴的一团。

"不好意思哈，最后一张了。"林雨辰把披散在胸前的秀发挽到耳后，凑近苏尘的耳边说道，"你这个样子，我看了觉得很满意。"

苏尘似乎轻轻笑了下，"如果我说这事和我没关系，你也肯定不会信吧？"

"就算这事不是你做的，"林雨辰细细把苏尘上下打量了一下，好像要把她这狼狈模的样印在脑海里，"我迟早也会这么做的，因为苏尘，你实在让我觉得认识你是我这辈子最大的不幸。"

厕所里一下子变得静悄悄的，仿若什么事都没有发生过。只有滴答滴答的水滴声证明时间是在流逝的。

如果碰到一个喜欢的，就在一起

安言看到苏尘收拾完书包准备和他一起回家时，天边的晚霞已渐渐散去，余留一抹凄艳，美得让人窒息。

苏尘站在少年面前，嘿嘿地摸了摸自己的鼻子，笑眯眯地问道："摔倒的地方刚好有水，结果弄成这样。呵，很狼狈吧？"

安言眼底闪过一丝心疼。他略低头，一动不动地看着苏尘的眼睛。苏尘被他看得有些脸红，想开口问点儿什么打破这尴尬的场面。没想到安言很认真地说道："嗯，怎么说呢？今天才发现苏尘同学长得还是挺耐看的。难道平日是美得不动声色？"说完还没等苏尘反应过来，他一个人就笑开了。

"不动声色你个头。笑！还笑！！"苏尘丢了个大白眼给他，又踩了他一脚，拽着书包带，气呼呼地大步跨着往前走。走了几步后没有听见身后有脚步跟上来的声音，略一迟疑，还是回头望去。

那一天的夕阳很美，红色天空下有飞鸟翅膀挨过云层和草地的暗影。少年就站在她身后，四目相对时，苏尘觉得肯定有一抹残阳被收藏在安言的瞳孔里了，以至于他这样微笑无言地望着她时，让她突然有种想落泪的冲动。

这种无法言喻的感觉，纵使此去经年，依旧温柔了时光，惊艳了岁月。

"怎么苦着一张脸？刚才说笑而已。走吧，我陪你坐公车回家。"安言走上前，笑着牵住苏尘的手。他的手掌心很温暖，丝丝暖意仿佛融进了苏尘的血液后遍布全身，不由自主的，她握紧了他的手。算她自私贪婪好了，这份温暖，她想拥有。

"喂，安言，以后如果不喜欢我了，要离开了，记得先说一声。这样我就不用总是回头望，也不用停下脚步等你。你知道的，一直等在身后的人突然消失不见，是件很可怕的事。"

"嗯，好。"安言笑笑，伸手曲起指头又在苏尘额头上弹了一下，神色温和，"别胡思乱想了。"

晚上苏尘窝在沙发上看电视，不停地换着台，最后看得索然无味便把遥控器扔在桌上。苏父走过来拍了拍她的头，让她回房早点儿睡觉。

"爸爸，"苏尘曲起双膝，声音轻轻的，"你娶陈阿姨吧。以前是我不懂事，总觉得妈妈就只能有一个，从没想过你的感受，所以对你和陈阿姨的婚事一直持反对态度。妈妈已经过世那么多年了，你如果喜欢，就在一起吧。"

久久没有说话的声音，苏尘没有看父亲听到这话的神色。她是不敢看，不管父亲的表情是欣喜还是什么，都会让她觉得难受。她抱紧双膝，目不转睛地盯着电视。

"尘尘，以前是觉得给你找个母亲可以更好地照顾你。现在你也长大了，爸爸的工作也没有那么忙了，我们父女俩这样在一起生活也挺好的。"

"不一样的，爸爸，"苏尘收回目光，嘴角微微露出一丝笑意，有种小女孩儿特有的娇憨，"幸福有千万种，而有一种幸福只有两个人在一起才算完整。爸爸，我有个喜欢的男生，和他在一起时连哭都不那么难过，笑也不用伪装，两个人总比一个人来得容易些。爸爸，因为你失去过，痛苦过，所以往后请你加倍地幸福。"

"那尘尘觉得开心吗？"

"嗯。妈妈也会开心的。"苏尘把脸埋在双臂间，极小声极小声地说了句，"爸爸，原谅我。"只不过苏父没有听到，因为这句话哽在苏尘的喉咙里，挤出来时是不成音节的碎音。

那天晚上苏尘做了一个梦。梦见第一次遇见安言，那时她和一个女孩儿在操场旁边打羽毛球。有风乍起，羽毛球轻飘飘落在灌木丛中，苏尘跑去捡时看到一个少年蹲在地上，拿着她的羽毛球逗着在晒太阳的猫。苏尘记得，那只猫好胖啊，翻着圆滚滚的肚皮在地上滚来滚去，少年拿着羽毛球靠近它的嘴边，猫好奇地伸着爪子要去拿，少年笑着把羽毛球扔在后面，然后转头就看到在一旁发呆的苏尘。

那天，天空蓝得一塌糊涂，阳光也灿烂得过分。苏尘说："你为什么拿我的羽毛球逗猫？"

少年微愣，继而又笑了笑。安言是个爱笑的男孩儿，微笑起来可以明媚半边天空。她看着他一步一步向她走来，披着一身的晨光，明媚绚烂了她整个青春。

"那我赔你一个新的羽毛球好吧？"

这个梦异常真实，仿佛昨天刚刚发生。苏尘睁开眼睛，脸上凉凉的，摸了摸，才知道全是泪水。

怎么就哭了呢？苏尘想。可能是潜意识里还是不相信那么美好的少年怎么就和这么不完美的自己在一起了。

我一直选择相信她

安言每次都会在校门口等苏尘一起坐公交车回家。有一次苏尘离约定的时间晚了几分钟到达，刚出校门就看到安言背着黑色挎包，双手插在裤兜里，背靠着墙。他面前站着一个女生，虽然距离有些远，可她还是认出那个颀长的身影是林雨辰。

苏尘没有走近，只是不动声色地站在原地。她看见林雨辰很激动地说着什么；而安言一动不动地站着，略低头，似在听女生讲话，又像是心不在焉。

然后她看见女生似乎哭了，低下头，长长的头发遮住了面庞，抬起手不停地抹着眼睛。苏尘突然觉得林雨辰有点儿可怜，她不是一直都知道的吗？林雨辰，也喜欢安言呢。

安言僵立片刻，伸手拍了拍林雨辰的肩，"抱歉，不管苏尘是不是隐瞒了我什么，"他略停了下，"我一直选择相信她。"

"那你知不知道，我一直喜欢你呢？"

"知道。因为给不了你想要的答案，所以只能一直装作不知道。"

林雨辰低头看着自己的鞋子，清晰地看到自己的眼泪以一种绝望的姿态，一滴一滴地掉在地上，瞬间支离破碎。

苏尘紧紧捂住嘴巴，连忙躲在一棵大树后，眼泪陡然全都跑出眼眶，瞬间浸湿了整张脸。她低着头，很认真地哭，怕哭出声音就死死地咬着唇。她怎么也想不通，在看到一向傲然高高在上总是让人艳羡的林雨辰低下头哭着说喜欢时，她会觉得那么难受。好像有人拿着一把尖利的刀，一下一下在她的心口处慢慢剜，连呼吸都是痛的。

苏尘不知道林雨辰是什么时候离开的，当她抬起头时，安言已经站到她面前，"苏尘同学，我们该回家了。"少年伸手拉她站起来，乌黑的眼睛泛着柔光，笑得宁静平和，仿若第一次遇见那样。苏尘的眼角湿湿的，她低喃着什么，然后把脸埋在少年的肩头，于是她的泪水便落在了他的肩上，浸湿了他的衣服，也弄湿了他的心。

他听得清苏尘的低喃，她说："安言，对不起。"

安言僵直着身体，女孩儿紧紧抓着他的衣角，仿佛他是她在无边汪洋中抓住的一根稻草。他抬手，很轻很轻地拍着她的后背。

"别哭呀，苏尘。"

不能说的秘密

林雨辰走进奶茶店时，一眼就看见靠落地窗座位上的苏尘。还是和以前一样，等人的时候喜欢撑着下巴摇头晃脑地看窗外的风景。以前她曾嘲笑她这个样子很白痴，那时她们不会像现在这样剑拔弩张，就像其他的好朋友，整天吵吵闹闹，但还是喜欢坐在一起喝奶茶，对着落地窗外发生的一切热闹品头论足。

林雨辰收拾好情绪，施施然走到苏尘面前，声音冰冷，"你叫我来不会是让我陪你喝奶茶吧？"

"是呀。"苏尘抬头笑笑，"你不知道吧？这里的老板娘生了个很可爱的男孩儿，她竟然还认得我们，问我们怎么那么久不来了。"苏尘继续道，"林雨辰，你不知道吧？自从三年前你莫名其妙地不理我后，我再没走进这家奶茶店。"

林雨辰伸手拉开椅子坐下，双手往桌上一摊，"苏尘，你想说什么就直说，别绕弯子，别用回忆来打温情牌！"

"我只想问，你为什么会突然那么讨厌我，是因为安言吗？"

"你以为我们是在演电视剧还是在写小说？真正的朋友怎么会因为一个男孩儿而翻脸不认人？只是苏尘，你这样的女孩儿怎么能和安言在一起？"林雨辰的声音陡然变得高亢起来，语气咄咄逼人，"你往自己的桌上贴那些乱七八糟的便利贴来诬陷我，又把死老鼠丢在我桌兜里吓我，做这一切的人怎么配得上安言的好？！"

苏尘猛地抬起头，她直愣愣地看着林雨辰，脸色一下子变得惨白，全身止不住地哆嗦起来，只有死死地揪住自己的衣服才不至于大叫出来。

是的，这一切都是她一个人做的。当时她只是想反正你都这样讨厌我了，就让你讨厌个彻底吧。她还有一个愚蠢的想法，她想看看安言究竟可以相信她到什么程度？

可是她知道她错了，错得很离谱。

"苏尘，安言那么喜欢你，你怎么可以装无辜装可怜去博取他对你的信任？我对他说了，叫他不要那么轻易相信你，可是他说他喜欢你，苏尘，他说因为他喜欢你。"林雨辰神色激动，可是说出来的每句话都语气平静，像是睡梦中的呢喃，轻轻的，仿佛风一吹就散了。

"要坦白吗？那就全都说出来吧，反正也是迟早的事。"苏尘轻轻笑着，眼角溢出的水雾氤氲了双眼，"只是雨辰，我真的想和安言在一起，因为他，我努力让自己变得更加美好。"

林雨辰目不转睛看了苏尘半晌，放在桌下握成拳的手松开又握紧。她骤然站起身，紧紧按住苏尘的肩膀，牢牢地盯着她的眼睛，一字一句地说道："那就什么话都不要说。这世上是有永久的秘密的，只要我们俩什么话都别多说。你继续和安言在一起，你依旧是他最相信的那个人！"

林雨辰的瞳孔里清晰倒映出苏尘有些惊慌失措的脸，更多的是不敢置信，好像一个将要上刑场的囚犯突然被告知被缓刑处理，可以继续苟延残喘地存活下去了。

"我可以永远都不说出事实的真相？"

"是的，苏尘。让它成为一个永久的秘密吧。"

苏尘倏地握住林雨辰的手，而林雨辰只是垂下睫毛，将自己的手缓慢地从她手中抽出，平静看着她，"这是一个不能说的秘密。只是苏尘，我们或许不能成为和以前一样的朋友，但我还是可以试着去相信你会成为一个更美好的人。"

那天奶茶店的人不多，谁都没有注意这个小角落发生了什么。落地窗外的天空是那个夏季最蓝的一天，苏尘在这个午后，像一只濒临死亡的小动物，发出了呜咽残碎的哭声。

我曾想让这个世界的所有人都理解我，相信我，到最后才明白，是我谁都不相信。

番外：那些你不知道的事

我是林雨辰。我和苏尘曾是彼此最依赖的好朋友。

直到那一天，我清楚地记得，是在我们初二那年。我想找苏尘陪我一起去逛街，走到她家楼梯下时，我看见她和一个女人一前一后走下楼梯。那个女人将会成为她的继母，苏尘是这样对我说的。

只是我没有想到，在我刚要喊苏尘的名字时，她突然伸出双手，把前面的女人推下了楼梯，而后大哭起来，慌忙跑下楼梯抱住她喊救命。

我被吓到了！苏尘，你知道吗？那一刻我就想你怎么可以在一瞬间变得那么陌生，那么可怕？

更可怕的是，第二天苏尘竟然若无其事地和我说，陈阿姨昨天腿摔伤了，放学我要去看看她。

我很认真地凝视苏尘的神情，没有慌乱，没有伤心害怕。我忐忑地问："怎么弄的？"

苏尘只是耸耸肩说："不知道。"

苏尘，就是从那一刻起，我开始渐渐远离你了，不仅是因为你的欺骗，而是因为我怕你。因为我不知道你面对我时究竟戴着怎样的一张面具，面具会不会在某一刻突然被撕裂，露出扭曲狰狞的面孔。这种怕，经过时间的沉淀，逐渐变成一种说不出理由的厌恨。所以我对你说，苏

如果这都不算爱

尘，你实在让我觉得认识你是我这辈子最大的不幸。

这是一个我深埋在心底的秘密。苏尘，我和谁都没有说过，即使是对着那个我喜欢的少年。

那天你约我去奶茶店，你说了很多以前我们之间的事。说实话，苏尘，那一刻我对你的厌恶已经到了顶峰，我差点儿脱口而出：我看到陈阿姨是被你推下楼的！

可是我没有，你肯定没有想到我是知情者，也没有想到这是我讨厌和疏远你的原因，你一直以为，我是因为安言才不理你的。

傻瓜啊，苏尘。

还有一点你肯定也不知道，我为什么突然向你妥协了，答应一辈子都不说出你对我做的事。是因为你在我面前哭了。你说，雨辰，我真的想和安言在一起，因为他，我努力想让自己变得更加美好。

你母亲去世那年你一滴泪都没掉，倒是我抱着你哭了好久。后来我也没见你哭过，一直以来我都以为你是不会哭的。可在那一刻，说到安言时，你哭了。

喜欢一个人是没有错的，苏尘。看到你的泪水的那一瞬间，我决定原谅你。

你问我，因为什么？

当时我没有回答你。安言是我年少的一个梦，我宁可替你守护秘密，也不想看到他伤心难过，更不想你的梦因我而破碎，尽管梦总是会醒的。